精神障害者が語る 恋愛と結婚とセックス

当事者・家族・支援者のお悩みQ&A

YPS横浜ピアスタッフ協会
精神障害当事者会ポルケ
蔭山正子・横山恵子
編著

明石書店

まえがき

精神障害者が恋愛し、結婚するのは有りなのだろうか？

精神障害者、親類関係、支援者、他いろんな方がこのテーマについて一度は考えたことがあるのでは……？

恋愛結婚について自由を認められているこの日本で不自由を感じている人は多いと思うが、あなたの周りではどうだろう。うつ病などを持った人は不健康というカッコ付きの選ばれる上でのマイナスの条件が付随してくるし、精神障害があれば偏見など、よりマイナスの条件も加わり、なおさら選んでもらえないのではないだろうか。精神障害者が体調、時間、収入など様々な点でハンディを負うことは精神障害を患っていない健常者の方の想像以上だと思う。相手が条件だけで選んだとしたらきっと私は永遠に結婚できなかったのではないかと思う。

だが、私は結婚をすることができた。女性の前では緊張してなにも話せなかった私が、と言うか、同性の友達にさえ、会話が苦手で電話をほとんどしたことさえない私が、いつの間にか恋愛マスターと呼ばれて今ここにいる不思議。単に運がよかった？　はい、確かに私は運がよかった。横浜市という人口が多く福祉が進んでいる街に住んでいることも、症状は薬が効いて安定していることも、周りが協力的だったことも、全て運だ。そしてこの本を手にしたあなたも運の一つを手に入れたことになる。

この本には精神障害者で独身の方、結婚して夫婦二人で暮らしている方、子育てをしている方、支援者の方、親族の方など様々な人が集まって体験談を語り、真剣に考えた上でのアドバイスをあなたに贈っている。誰もが一つの頭で考え、行動し、言葉で周りを説得し、自分の道を歩いてきた。この本の中の言葉一つひとつが、これからのあなたの人生という道の延長線の上で活かされたらなと思う。この本を読んで人生の選択肢が増えることを願っている。

YPS横浜ピアスタッフ協会
精神障害者が恋愛を求めて集まる出会いの場「めんちゃれ」創立者　根本俊史

*

本書は、精神障害のある当事者が編集チームを結成し、当事者が編集長になって企画から話し合い、つくり上げました。私は、2018年にYPS横浜ピアスタッフ協会の当事者の方と一緒に『当事者が語る精神障がいとリカバリー』という本を執筆し、当事者が書いた本として注目されました。今回は、当事者が編集長となり、より一層当事者主体でつくり上げています。このつくり方こそ、挑戦であり、革新的であり、また、本書の価値を生み出す鍵なのです。

恋愛や結婚は、当事者の人生を支援する際に、避けては通れないほど重要な課題ですが、答えのない課題でもあります。そして、専門的な知識をもって学者が解説する類のことではありません。だからこそ、当事者の見方や体験が重要になります。これまでも、有能な当事者が一人で執筆した本や、予め割り振られた一部を当事者が執筆した雑誌等は出版されています。それらの本と本書の大きな違いは、体験的知識を記述しているということです。同じ苦境にある者が集まり、話し合いながら導いた見方や考えは、単に個人のものとは異なります。直の体験から得た知恵は、仲間との会話において意味が見出され、「体験的知識*」と言われる知識になります。それは「専門的知識」と対比して、価値ある知識として学術的に位置づけられています。精神障害者が人を愛するということ、その支援の在り方に示唆を得るために、私は体験的知識に期待したのです。何度も当事者の編集メンバーが話し合うことで、また、出版社との間で生じた意見の対立を通して、体験的知識の輪郭が明瞭になっていきました。本書は、精神障害者が人を愛するということについて、当事者の視点で、初めて一定の見解を出した本だと言えると思います。

前例のない本ということは、それほどつくることが難しいということの裏付けでもあるでしょう。本書では、書くことが苦手な方も自ら進んで執筆され、編集長と副編集長がサポートをして原稿にしました。本を作成する期間に精神科病院に入退院された方も数人含まれています。様々な状態の障害者が取り組んでいるということは、当事者の見方や体験を広く代弁していることであり、体験的知識の価値を高めています。そのため、個性豊かな当事者の文体に凸凹を感じ、まとまりの無さや統一感の無さを感じるかもしれません。しかし、その凸凹は、本当に精神障害者が書いたという証でもあります。

本書を読まれると、精神障害があっても、健常者と変わりないと思われる部分もあると思います。それも重要な気づきです。私は保健師という支援者ですが、専門職教育では、精神疾患の病理や精神障害者の障害特性といった、障害者の異質性を学びます。そして、実践現場では「障害者」という枠でつくられた法・制度の下で支援を展開します。しかし、本書をつくる中で私が学んだことは、障害者と健常者の異質性というよりはむしろ、障害者と健常者の同質性でした。人を愛するという人間として本質的なことを通して、障害者を違った側面から知る機会になるのだと思います。

同じ障害者でも、身体障害者は自らが声をあげ、知的障害者は親が声をあげ、制度を変えてきたと言われています。本書では、執筆者のほとんどが実名を出し、精神障害者だって恋愛したい、結婚したい、子どもを育てたい、と声をあげました。私は、当事者が声をあげることが、世の中を正しい方向に変える出発点になると思っています。当事者が声をあげること、そのこと自体に大きな価値があると考えています。

本書は、恋愛や結婚に不安をもつ当事者の方、周囲で不安を感じている家族や支援者の方が、気軽に手にとって読みたくなるようなスタイルをとっています。しかし、内容は底なしに深い。私など到底体験したことがない、波乱万丈な人生を送っている彼らが命をかけた愛の物語です。

副編集長（保健師・研究者）　蔭山正子

＊ Borkman, T. "Experience knowledge : A new concept for the analysis of self-help groups." *Social Servives Review*, 50; 445-456, 1976.

本書における用語の定義

・障害者、当事者、患者、本人：精神疾患・精神障害のある人。精神障害とは、一般的には、日常生活や社会参加に困難をきたす状態が一定期間継続している状態をいう。精神疾患には一過性のものも含まれ、日常生活や社会参加に困難をきたしていない状態の人も含まれる。

・家族：精神疾患・精神障害をもつ人の家族。

・支援者：保健医療福祉について専門的な教育を受けて資格を持った人。医師、看護師、精神保健福祉士、保健師、臨床心理士、作業療法士、介護福祉士等を指す。

〈免責事項〉

本書に記載している内容の通りに行動して、トラブルや損失・損害等がおきても一切責任は負わない。

＊目次

第Ⅱ部　精神障害者の恋愛に関するお悩みにお答えします

STEP 3 付き合ってから

STEP 1　結婚を具体的に考える段階

STEP4　子どもをつくると決めて

第Ⅳ部　精神障害とセックス

COLUMN ♥

編集チームメンバー紹介

［堀合研二郎］

みなさまどうも。ＹＰＳ横浜ピアスタッフ協会の堀合研二郎です。僕も恋愛・結婚・育児について必死になって原稿を書いたのですが、全部ぼつにされてしまいました！　せめて人物紹介だけでも書かせてください！　これって印税もらえるのかな？

編集長

野間慎太郎［ＹＰＳ／双極性障害］

漆黒と紅を身にまとい、言葉の魔術で僕たちを幻惑する。ミスター双極性障害のＹＰＳ副会長。一見怖そうだが実はカミさん命！

私の恋愛観：**恋は求めること。愛は与えること。**

副編集長

蔭山正子［大阪大学／そばアレルギー］

ピンクのカツラをかぶることで自分の殻を破ることに成功した、ＹＰＳとずぶずぶの御用学者。老若男女問わず当事者が大好き。

私の恋愛観：**恋は感性、愛は理性。**

編集メンバー

根本響子［めんちゃれ・ＹＰＳ／統合失調症］
マイペースで物静かでおっとりしてる。三拍子揃った大和撫子（死語）寄りの女性。特技は緊張すること。そして意外なほどにエンターテイナー。
私の恋愛観：**恋は呑気で、愛は本気。恋は盲目で、愛は刮目。**

根本俊史［めんちゃれ・ＹＰＳ／統合失調症］
大きいようで小さい。小さいようで大きい男。態度のでかさは霊長類最強クラス。本当は優しいのだが……。古めのゲームをこよなく愛す永遠の20世紀少年。
私の恋愛観：**恋が継続すれば愛に変わる。**

山田悠平［精神障害当事者会ポルケ／統合失調症］
語学とＳＮＳを駆使し世界を股にかけるインテリ当事者。ピア開国の攘夷志士でルックス的には森のクマさん。実は子育てに奮闘している。
私の恋愛観：**恋も幻想。愛も幻想。そう思えば、そうなのだ！**

吉川進［横浜北部ピアの会ハピカ／統合失調症］
横浜北部ピアの雄。人望厚く、心優しき男。ひたすら等身大の姿で好感が持てる。子どもは超可愛い。うらやましいぞ！
私の恋愛観：**生きていて努力ではどうにもならない困り物。**

広瀬玄武［YPS／統合失調症］
トランスジェンダーの女たらし。YPSの夜の帝王。好きなお酒はサ○トリーのほろ○い。それを買いに行くのはだいたい僕。
私の恋愛観：**恋愛は命がけでするもの。**

中村俊輔［YPS／統合失調症］
身の丈九尺はあろうかというYPSの巨人。巨人だが好きなスポーツはサッカー。やってみたいことは真夏の草刈り。だけど真夏のメール便配達は嫌らしい。
私の恋愛観：**恋は積極的に。愛は慎重に。**

猫柳ゆーぎ［YPS／解離性同一性障害］
21世紀の肝っ玉母さん。あらゆる社会資源を使いこなし逞（たくま）しく生き抜く生まれながらの当事者で、内職のエキスパート。やっぱり母さんだね！
私の恋愛観：**恋は疑うもの、愛は信じること。**

松田優二［YPS／双極性障害］
異様な迫力の二枚目俳優。YPSの三船敏郎。日本人離れしたガングロ彫刻顔で、誰よりも腰が低い。さぞもてるんでしょうなあ。
私の恋愛観：**恋とは落ちるもの。愛とはつくるもの。**

横山恵子［埼玉県立大学／花粉症］

パリッとスパッとサクッとしてる。高速のパスを３６０度に繰り出し当事者たちを走らせ走らせ走らせる！　言葉の切れ味が半端ないぞ！

私の恋愛観：**恋は身勝手で楽しいもの、愛は互いが支え合う責任を伴うもの。**

吉川礼子［ＹＰＳ／統合失調症］

ＹＰＳのザ・グレイトマザー。我が子のことが大切で仕方がない。辛い時期も子どもがいたから乗り越えられた。子どもに聞かせてあげたいね！

私の恋愛観：**恋は結婚につながるもの、愛は一生伴侶としてつくすこと**

そのほかの執筆者のみなさん

・当事者
おげんさん
崎千晶
水月琉凪
田村千秋
堀合研二郎
匿名のみなさん

・家族
岡田久実子（母）
加藤玲（母）
野間里美（野間慎太郎の妻）
吉川（吉川進の妻）

・支援者
安保寛明
小堀真吾（精神保健福祉士）
竹林宏（精神科医）
鳥潟ちとせ（助産師）
藤田茂治（看護師）

・協力
ＴＥＮＧＡヘルスケア

イラスト　渡邊 遥

第Ⅰ部

精神障害とは

第1章　統合失調症と私たち

［根本俊史・響子］

私たち夫婦は、とんとん拍子で結婚したという見方もあります。スピード婚だからです。とある場所で、私（響子）が、講師をしたときがあります。そのとき、同じ精神障害の参加者さんからの感想で、「羨ましい」と、言う声が多かったのも事実です。

しかし、私たちは、とんとん拍子どころではない、紆余曲折を経て、今に至ります。

1　統合失調症と治療

統合失調症とは、主要な精神疾患の一つで、10歳代後半～30歳代に発病する人が多い疾患です。主な症状には、陽性症状、陰性症状、認知機能障害があります*。

陽性症状には、幻覚や妄想があり、一般的には見えたり、聞こえたりしないものが、私たちには見えたり聞こえたりします。また、通りすがりの通行人に悪口を言われているのではといった被害妄想などがあります。陰性症状としては、意欲の低下や感情が出にくかったり、表情が乏しかったりする症状があります。そのため、私たちはやる気を出すのに時間がかかり、ときには、サボっていると誤解されてしまいます。認知機能障害では、作業が苦手で仕事が続かなかったり、コミュニケーションをうまくとれなかったりします。私たちは、頭の整理がなかなか上手くいかずに混乱したり、人間関係など社会との関わりに悩むことも多いです。そして、病識をもつことが難しい病気でもあります。

統合失調症の治療としては、薬物治療をまず行います。再発しやすい病気であり、薬を長期にわたって飲み続けることが多く、継続的な通院が必要となることが通常です。私たちは、現在も精神科外来に通院して服薬を続けています。

私たちの発病や治療について体験をお伝えします。

＊医学的知識は以下参考とした。すまいるナビゲーター：統合失調症　https://www.smilenavigator.jp/tougou/about/

▼響子

私は、幼少期や学生時代から、自分自身に対して違和感を持っていました。いじめられることも多かったです。会話もあまりした記憶がありません。そんな社会に適応が難しい人間でした。時は流れ、社会人の厳しい毎日が始まりました。私は、心が病んでいるのでは、と自問自答しながら、お仕事をしていました。会社のお仕事のメモもぐちゃぐちゃに取り、過剰に書く癖があるのが、変でした。毎日数字とにらめっこしていて、神経症になっていた気がしました。会社の外では、ストレスから話しやすい友人や母親にお話を聴いてもらっていました。その話が止まらないことが多く、自分で感情コントロールができていませんでした。成長もゆっくりで、同期よりはるかに幼くて人間関係に苦しみました。そして、会社に行くことが困難になってしまいました。幸い、両親、兄弟に助けられ、会社を退職することになりました。約2年間の短い間でした。

母親に連れられて、とある駅前の心療内科に行きました。そのときは、病識がなかったので、医師のカウンセリングも期間限定だと、楽観的でした。そして、病気のことを隠して、バイトを始めました。20代前半のお話です。減薬もして、医療事務のお仕事を始めました。そこで、ようやく病識をもつことになります。まず、凡ミスが目立つのです。簡単な計算なのですが、患者さんが多い病院でしたので、スピードが求められます。そのことが上手くいかないのです。冷や汗はかくし、些細なことで動揺してしまうのです。電話に出る機会もありましたが、とてもあたふたしてしまいます。診察券の渡し間違えで、職場に駆け付けたときもありました。そんなこともあった辺りから、私は、普通にお仕事ができない葛藤が芽生え、精神障害の病の自覚が出てきました。

その後、精神科デイケアに通いました。その時期に主治医に診断書を書いてもらう機会があり、診断書に書かれた病名を見て初めて私は統合失調症だと知りました。私は、精神科の先生には恵まれ、穏やかできめ細やかにお話を聴いてくれる先生と巡り合いました。心療内科に通院したときから現在も精神科外来通院を継続中です。

▼俊史

私が統合失調症を発症したのは、大学を卒業し、フリーターを経験した後、レストランで働いて1年以上が経った頃でした。常連のお客さんがみんなサクラに見えました。会社がよりよいサービスを研究するために、サクラを各店舗に派遣しているのだと思っていました。なのでお客さんにいつも査定されている感覚がありました。そんな妄想が膨らんでいったときに会社の都合で退職を余儀(よぎ)なくされました。私は、もう他のどの会社でも勤まることのない人間なのだと思い込み、今後、どうやったら食べていけるのかを模索しました。そんなときに出会ったのが生活保護という制度でした。こんな私でも生きていていいのだと救われた気持ちになりました。

しかし、精神的にはそれからも着々と悪くなっていきました。その頃、転職を考えて勉強に励んでいる友達と、よく一緒に地域の体育館や図書室や会議室などの設備がある施設で過ごしていました。他の友達が教員になる勉強や、海外で働くための英語の勉強、庭師になるための勉強など日々頑張っている中、私は国語の勉強をしようと絵本を読んでいました。普通に読めば数分で読み終わる絵本を私は1冊に1時間くらいかけて読んでいました。絵本に書いてある裏の部分（文字にあらわされていない意味）をひたすら見つけようとしていたのです。かなり疑い深くなっている私がそこにはいました。

友達が次々と就職する中、私は独り取り残されました。独りでは勉強をする気も失せ、ひたすら散歩をする日々に日常が変わりました。黙って歩いていると近くの住居から声の様なものが頭に入ってきました。始めの方はポジティブな話題もあったと記憶していますが、日々が流れるにつれて、ネガティブな話題が増えてきました。特に最後の方は死についての話題がほとんどでした。

そしてついに診断の日が訪れます。ベッドに横になっていた私に音なき声が聞こえます。とうとう私が死ぬ番が回ってきたというのです。すごい恐怖でした。身を動かそうとしたら金縛りにあっていました。それでも逃げようと思って部屋の扉の方を見ると死神がそこに待ち受けていました。そこから近づいてくる死神に対して金縛りを力ずくで解いて逃げようとしました。なんとか身体を動かすと、ベッドから出た所で恐怖から失禁し、腰が抜けて歩けない私は部屋から這（は）いつくばりながら出ました。そして階段を転げ落ちると同居している母が異変に気づき救急車を呼んでくれました。救急車が来るまで私は母に「ありがとう」「蟻が十」とわけも分からず叫んでいました。

つけられた私の診断名は統合失調症です。診断から1年目は毎日12時間の睡眠と4時間の散歩をしていました。他の空いている時間はほとんど読書に費やしました。

2 統合失調症のリハビリテーション・回復

統合失調症のリハビリテーションとは、医療機関での精神科デイケアからはじまり、地域の福祉施設で就労の準備をしたり、日中の居場所として地域活動支援センターを利用したりします。私たちもデイケアに通った時期がありましたし、地域活動支援センターも利用しています。リハビリテーションを通して回復に至ることが多いです。

▼響子

統合失調症の治療を始めてから、ある転機が訪れました。引っ越しがきっかけで、いい病院に巡り合え、デイケアに通うことになりました。ようやく身の丈にあった居場所が見つかったのです。なにより嬉しかったのは、理解のある医療関係者が側にいてくれることです。私の拙(つたな)い発言も受け入れてくれて、傷つくことがなかったです。

次の挑戦が、当時作業所と呼ばれていた就労の準備を行う場所です。男性の多い所でした。会話が飛び交っていてとても活気がありました。職員さん、メンバーさんがとても充実した日々を送っている様子でした。

そんな前向きな作業所に感化されました。私は、恋をしました。

とても一生懸命、お仕事に励んでいて、休憩中も会話を楽しんでいる男性がいました。同じく統合失調症です。その男性と少し話せるようになるのに、半年ぐらいかかりましたが、私から告白してお付き合いすることになりました。かなり年上でしたので、いろんなことを教えてもらいました。同じ統合失調症でしたが、少しでも間違ったことを言うと怒ってしまう人でした。よく言えば、正義感が強い男性でした。その男性は、決断力に乏しく自分がないと悩んでいました。よく言えば、相手の意見を尊重してくれて、相手のことをよく考えてくれる男性でした。その男性との約3年間のお付き合いの御蔭で、私の統合失調症の症状（主に妄想・動揺・不安・気持ち、考えがまとまらない）と少し向き合えることができるようになってきました。リカバリーにもつながっていると、今になって思います。

残念ながら、ご縁がなく、別れることになりましたが、次の挑戦が、通信短期大学卒業です。私は、統合失調症になってから、なおさら、心理学の勉強がしたいと、思うようになりました。「自己表現の心理」コースを専攻しました。教科書に精神障害のことが出てきたときは、現実の自分とリンクするので、とても楽しく学ばせてもらいました。無事、卒業することができました。

その半年後に職業訓練を3か月受けました。統合失調症の病気を隠さず、障害者雇用で、企業に就職しました。軌道に乗り始めて、「めんちゃれ」のことを知り、今、旦那さんに恵まれています。

▼俊史

発病して2年目には、精神科デイケアに通いました。だからと言ってなにかが劇的に変わるわけでもありません。変わり始めたのはデイケアで友達ができてからです。それまではデイケアに行っても職員が話し掛けないとなにも話に参加しなかったのですが、ある日女性が話し掛けてきたのです。そこから社交的になるまではアッと言う間でした。よくファミリーレストランに行き、12時間くらいそこで過ごす日もありました。話は尽きずいろんな話をしていました。そして人間らしい目標が立てられるようになりました。それからは結婚して子づくり子育てが目標になりました。

それからは結婚にプラスになることを考え実行していきました。婚活パーティーに参加するのはもちろん、ネットでの相手探し、就労、結婚相談所の登録などです。相変わらず友達とも遊んでいたので、会話の技術も向上しました。しかし、結婚はなかなかできません。そんなときにできたのが、後に「めんちゃれ」と言う婚活の場、出会いの場でした。同じ頃に私は会社を辞めて小説家になろうと思い立ち、毎日文章を書き始めていた頃でもあります。飽きっぽかったのか、なぜか婚活よりも小説家になる夢の方が自分の中では大きくなっているときでした。自分ではまだ気づいていませんでしたが、女性との距離感が上手く取れるようになって来ていたのもその頃だったと今では思います。

私たちの病気、統合失調症の症状での共通点は、発病前に病気の前兆があったことです。そして、発病時に恐ろしい幻覚や幻聴があったことです。そして、毎日、とても疲れやすいことと落ち込みやすいことと意欲の低下があります。同じ症状がお互いに起こっているときは、共倒れになることがあります。私たちは、どのように過ごしたら回復するのだろうと、いつも悩みます。しかし、生きづらさを抱えながらも生きやすいようにしたいと、考えます。その対策として、好きなことをして過ごす時間と夫婦の時間を大切に工夫しながら過ごしています。発病以前に比べて、ちょっとしたことでも、嬉しかったりすることが増え、結婚してとても幸せな気持ちになることが多いです。

第1章を受けて

［蔭山正子］

根本ご夫妻は、とても仲がよく、「結婚っていいものだな」と思わせてくれるようなご夫婦です。お二人とも統合失調症を患っていて、今も疲れやすい、落ち込みやすいという症状がおありですが、助け合いながら、病気と付き合っていらっしゃるようです。発症時の急性期には、幻覚や妄想が出現し、恐怖に襲われたり、混乱状態に陥っていらっしゃいました。そして治療につながり、リハビリテーションを受け、まず医療機関でのデイケア、次は福祉機関での作業所へとステップアップされていました。私が保健所で保健師として働いていたときも、急性期に受診につなげる支援をしたり、入院から退院への支援、リハビリテーションなどを行っていました。発病が思春期や20代に多いことから、高校や大学の中退など人生の進路に影響を与えてしまい、挫折感を味わうことがあり、とても辛いと感じます。結婚前の発病が多いため、結婚しない方も多くいらっしゃいます。統合失調症は、人生への影響が大きい病気だと言われています。

しかし、根本さんご夫妻は、自分らしい生き方を見つけていました。そのプロセスを専門用語で「リカバリー」と言います。精神疾患のある人のリカバリーとは、アンソニーによると、たとえ疾患による限界があっても満足のいく、希望のある、そして貢献する人生の生き方であり、精神疾患という衝撃的な影響を乗り越えて、新しい人生の意味や目的を見出す、そのプロセス、とされています。**

精神疾患の多くは、薬を飲み続ける必要があり、長く付き合う慢性疾患です。しかし、病気があっても、幸せになることはできます。根本ご夫妻や、本書で登場する当事者の体験談から、リカバリーする姿を知ってもらいたいです。

** Anthony, W. A. "Recovery from mental illness: The guiding vision of the mental health service system in the 1990s." *Psychiatr. Rehabil. J.* 16（4）: 11-23, 1993.

第2章　双極性障害と私

［野間慎太郎］

1　双極性障害の診断と治療

みなさんは双極性障害と聞いてどんなものか分かりますか？

このあまり聞きなれない双極性障害というのは、うつ病と同じ気分障害に分類される精神疾患の一つでⅠ型とⅡ型があります。躁うつ病とも呼ぶので、こっちの名前だとなんとなく知っている方もいると思います。そしてこれを書いている私はⅡ型の当事者です。Ⅰ型とⅡ型に分かれていますが基本的には同じ症状です。Ⅰ型の方が上がり方、落ち方が非常に激しく、Ⅱ型の方がゆるやかと言われています。

具体的な症状としては非常に高いテンションが続く躁状態と極端な落ち込みをするうつ状態を交互に繰り返します。躁状態が確認されるまで本人も周りの人もうつ病と勘違いしていることがあり診断がつくまで時間がかかることもあります。私も当初はうつ病と診断されて治療をしていました。双極性障害の診断が出たのは30歳になってからですからそれまでの10年ほどはうつ病、体のあちこちに慢性的な痛みが出る原因不明の線維筋痛症という疾患によるうつ状態で治療を受けていました。治療法としては服薬メインで上がり過ぎず下がり過ぎずをキープすること、十分な睡眠やバランスのいい食生活を心掛けるなど生活面のバランスを整えることが一般的です。では具体的にどのようなことが起きるのかを私の体験を交えながらお伝えしたいと思います。

2 躁状態とトラブル

俺、天才!?

まず躁状態ですが、今まで感じたことのない凄まじい気持ちの高ぶりを感じました。この異常な高ぶりを躁転(そうてん)と呼びます。よくあるパターンとの一つとして自分が天才どころか神であるといったとんでもない考えや自分の使命は人類を救うことなんだ！　というようなとんでもないことを言い出したりします。私自身も躁状態のときは自分こそが選ばれし天才であると確信し小説を書き始めたり、ハイテンションが持続するので疲労を感じにくくなり毎日15時間働き続けたりしていました。さらに天才であるという感覚とテンションが上がっているせいで誰に対しても上から目線になり、ちょっとしたことでもイライラしました。「歴史に名を刻む私の言うことが分からないバカは去れ！」という劇的に嫌なヤツ状態だったと思います。

さてこんな人が近くにいるとどうなるか。言うまでもなくトラブルメーカーになりがちです。なにしろちょっと意見を否定されたり口出しされるだけでブチ切れる上にずっと偉そうにしているわけですからね。誰だって他人の言葉に耳を傾けず気遣いに対してブチ切れたりする人と関わりたいとは思いませんよね。なので躁転していると周りから人が去ってしまうことも多いです。

もう少しこの躁状態についてお話したいと思います。私がなんの根拠もなく天才だと感じていたわけではありません。なぜか次から次へと様々なアイデアや考えが浮かんでくるんです。浮かんでくると誰かに言いたくなるのは誰でも同じ。なので思いつくたびにブログに書いて1日に何度も更新したり妻に向かって延々と自分のアイデアを語り続けていました。人によっては時間を問わず電話をかけまくったりメールをしまくって、とてつもなくウザい人になってしまいます。また厄介なこととして、といってもすでに非常に厄介な人になっていますが、アイデアが湧いて話をしている最中にまた別のアイデアが派生して湧いてくるということも多々ありました。頭の中で樹形図を描くように次々といろんなことが浮かんでくるので話がどんどん飛んでいくのです。

こうなってくると話をしている本人もわけが分からなくなってイライラしたりします。私の妻は話の腰を折ると私が露骨（ろこつ）にイラつくため延々と続く不毛な話を我慢して聞いていてくれたのですが、おかげで慢性的な寝不足になってしまいました。私からすると天才の話を好きなだけタダで聞ける環境に感謝すべきだと思っていたので、今もそばにいてくれることに心から感謝しています。

お金使うの大好き！

もう一つ厄介なのが散財、つまりお金使うのが大好きになってしまうことでしょう。お金を使うことが快感でしかなくなるため、とにかく金遣いが荒くなります。いろいろな双極性障害の当事者と話をしたのですが多くの場合はギャンブルか買い物に消えていきます。必要性ではなく欲しかったものを片っ端から買う、懐（ふところ）を気にせずギャンブルに明け暮れるといった行動に陥り多額の借金をつくることもあります。お金が欲しいのではなくお金を使いたくて仕方がないため借金に対する抵抗もマヒしていたという方もいました。全財産で欲しかった高級外車を買ってくるといった行動に走る方もいました。

かくいう私も2年間続いた躁状態のときは週5日でパチンコ屋通いの日々でした。幸運かどうかは別として生活が成り立つ程度の稼ぎになったため止める理由が見当たらず、目が覚めたらパチンコ屋へ行き、その日の目標額が出るまで打ち、翌日の軍資金と生活費だけ確保したらあとは使い放題です。その足で中古書店などに行きCDや映画のDVD、ゲームソフトを買いあさっていました。後々うつ状態になって引きこもった際はこうしたものに助けられた部分もあるので無駄にはなっていないのが救いですね。もっとも家族からしたら都合よく話しているだけと思われそうですが。

性欲が暴走

躁状態で表面化しづらい行動に「性的逸脱（いつだつ）」というものがあります。聞きなれない言葉なので私なりの表現をすると「四六時中セックスがしたい」です。性欲が高まり過ぎて理性やモラルが消し飛んでしまうくらい強い性欲を感じるため不特定多数の相手と同時に関係を持つこともあります。なかなか人に言えないことなのでたとえば妊娠や性感染症といった深刻な事態に陥るまで本人が抱え込んでいることが多いです。私の場合はどこか理性が残っていたおかげで妻以外の女性と関係を持つことはありませんでしたが、その矛先は妻に向かっていますからずいぶん苦しい思いをさせてしまったと思います。

それは気持ちがいい

これらが躁状態で起こる主な状態ですが私は当事者として共通点を感じています。それは気持ちがいいことです。これらの行動で得られる快感も躁状態では高くなるため、より止められなくなってしまうと私は感じています。みなさんも気持ちがいいと感じることを止めるのはかなり難しいのではないでしょうか。ただでさえ躁状態は制御不能な暴走状態なので止めるということはできないに等しいと感じています。

さて、ここまで躁状態について書いてきましたが、これだけ読むと本能のままに生きる身勝手な人間にしか見えないのではないでしょうか。言いたい放題やりたい放題でギャンブルに明け暮れ気の向くままにセックスをしている。そう見えても仕方がないと思います。ここが双極性障害の最も厄介な部分であり苦しみを生み出すところだと思います。

3 うつ状態は躁状態でのツケを背負う苦しい時間

うつ病が緩やかに落ちていくのに対し双極性障害のうつは先述したハイな状態からの落下だと思ってください。地上1階からゆっくり地下に降りていくのではなく、地上数百メートルから落ちてくる、人によっては成層圏（せいそうけん）くらいから落ちてくるかもしれません。躁状態は暴走していることで感覚がマヒしているため無敵だと勘違いしているのですが、実際は心身ともにダメージも受けていますし疲労も蓄積されています。結果として躁状態が落ち着くとボロ雑巾みたいな状態になっています。好き勝手にやりたい放題で迷惑をかけてきた人にあなたは救いの手を差し伸べられますか？　難しいですよね。きっと。

つまり双極性障害のうつ状態というのは躁状態のツケが回ってきているようなものになってしまうことが多く、なんとなく死にたい、消えたいではなく現実的に深刻な問題を起こしていることが原因になっていることが多いと感じています。前半で書いたことを少し思い出してみてください。対人関係で問題を起こしやすいこと、借金を抱えやすいこと、異性関係でトラブルになりやすいことなどを挙げました。さらにこれらが複合して起きていることもあります。たとえば不倫関係の相手から借金をしていた上に隠し子ができるなどということもあります。こうしたトラブルを抱えていることで自分を責め続けますし周りも責め続けてきたりしますから生きていることがひたすらに辛いんです。天才だった自分が実はただのクズだったという現実も受け入れなくてはなりません。先ほど落下してくると書いたのはこうした状況から感じたことです。

自分自身でもむちゃくちゃ人に迷惑をかけた自覚があるので助けを求めにくく、ありとあらゆる気力が失せているためなにもできず寝ているだけの生活に陥ってしまうことが非常に多いです。自殺する気力すらなくなるんですよ。本当にエネルギーがゼロになるんです。さらに救いを求められる相手がもう残っていないということもあります。

私の場合は幸いなことに妻が支えてくれましたが、実はそれはそれで苦しかったんです。毎日、迷惑をかけてしまったことに対する償(つぐな)いの気持ちと申し訳なさしか湧いてこないんですね。それでも妻が優しくしてくれるのでまた申し訳なくなってしまい24時間ごめんなさいという状態でした。目が覚めるともう憂(ゆう)うつで起きることとすらしたくない。起きたところでなにもやりたくないしできないので目が覚めること自体が辛かったです。ただ、ここで自殺したら本当に無責任なクズで終わってしまうという自覚もあったので必ず恩返しをする、この辛い状態を抜けたらまた笑顔で過ごせる日々にしようと思い耐えていました。

4 私がたどり着いた答え

私は自分にとってなにが本当に大切で必要なのかを真剣に考え、そもそも躁転しなければ落ち幅も小さくて済むのではという答えにたどり着きました。ですからそれ以降はいかに躁転しないようにするかを意識して日々を過ごしています。その課題を主治医と共有しながら32歳のときに就労移行支援事業所を利用しピアスタッフというものを知り、ここが正念場と頑張った結果ピアスタッフとして生活支援センターでの雇用につながり新たな世界に飛び込むことができました。かれこれ10年躁転していません。うつはときどき出ますが。

私がたどり着いた一つの答えは躁転は防げる。かえって苦しくなるのでうつを防ぐことはしないということでした。私の場合は無理に抗(あらが)わないことも一つの答えです。

おかげでこの本に携わっている1年はうつも出ることなく薬も減り2種類だけになりました。そして地域活動支援センターで再びピアスタッフとして利用者さんのお昼ご飯をつくったり相談に乗ったりしながら休みの日はゲームに明け暮れたり妻と美味しいものを食べに出かけたりと楽しい日々を送っています。

第2章を受けて

［蔭山正子］

野間さんの第一印象は、オシャレ。外見からは障害者と分かりません。しかし、本づくりで関わるようになって、体調が優れずに起き上がれない日があるなど、やはり病者なのだと知ることになりました。双極性障害を患う当事者の方を何人か知っていますが、社交的な方が多い印象があります。発想が豊かで、有能な双極性障害の方がビジネスなど様々な場で活躍している話も聞きます。私が保健所で働いていた頃は、躁転時にトラブルを起こされたときにお会いすることが多かったです。何日も寝ずにしゃべりまくり（多弁）、警察の刑事課でお会いしたときには、リーゼントの警察官に向かって、「カツ丼出せ！」と大声でデスクを叩きまくっていた方もいました。病状の波をコントロールできると落ち着いた生活ができますが、それが難しいようです。

統合失調症と双極性障害は、どちらも代表的な精神障害ですが、症状、障害特性は違います。精神障害には様々な種類の疾患が含まれています。多くは原因不明であり、治療法も確立していません。共通することは、脳に機能的な変化が生じていることです。また、学業、仕事、家庭生活などの人生に支障をきたしやすく、偏見を持たれて「生きづらさ」をもっているという点も共通していると思います。人々がもつ精神障害者への否定的なイメージが、当事者の「生きづらさ」を助長しています。本書で当事者の生の声を知ることによって、精神障害者のイメージが変わることも私たちが期待していることの一つです。

第Ⅱ部

精神障害者の
恋愛に関するお悩みにお答えします

はじめに

［山田悠平］

精神障害のある人たちの恋愛・結婚・育児に関する当事者の経験談は、まさに人に歴史あり、人生いろいろです。それぞれの仲間が見たもの、感じたものに思いを重ねて聞き入ります。ときには、壮絶な経験をした仲間の話に、ときには怒りに震えたり、ほっこりするエピソードに思わず笑顔がこぼれたり、同じ精神障害がある者として、大いに共感するお話ばかりです。

一方で、精神障害があることで、恋愛や結婚や子どもを産み育てるという選択を「しない」当事者の仲間が多いのも現実です。この本づくりを紹介する機会の折に、「自分にはやっぱり無理、できないよ」「恋愛はしたい人がすればいいんだよ、自分には関係ないかな」といった意見も寄せられました。精神障害云々を別にして、恋愛をするもしないも自由。そういうメッセージが垣間見えた気がします。

ところで、若者の恋愛離れが言われる昨今です*。障害の有無にかかわらず、若者が全体として恋愛離れが進んでいます。なぜ現代の若者は恋愛をしないのでしょうか？　よく言われるところでは、経済的な問題、女性の自立が進んだといった分析が多いようです。男性の非正規雇用が進み、デートにお金と時間をかけるほどの生活の余裕がないということがあるのかもしれません。男性がデート代を出すべきものという考えに、女性よりもむしろ男性の方が染まっていて、「男のプライド」が邪魔（じゃま）をしているのかもしれません。男女交際をしなくても楽しく生きられる友人関係が充実しているからかもしれません。それこそ、人それぞれで、理由も一つではないと思います。

では、精神障害を持つ我々の恋愛離れを若者一般のそれと重ねていいものでしょうか。私の答えは否です。15歳以上の男女別の有配偶者率は男性61・3％に対して、女性が56・6％。** これに対して、精神障害者の有配偶者率は34・6％です。***

障害をもつ人たちの恋愛離れは複合的な要因が考えられます。精神障害があることで就労機会に恵まれないことで、人間関係の構築に萎縮（いしゅく）を引き起こすことがあります。また、精神障害が直接的な原因になっている場合もあります。たとえば、親や通所先の福祉関係者、医療者から恋愛をすることをやめるように言われた仲間もいます。精神障害者は、精神障害があることによって、間接的にせよ直接的にせよ恋愛をする機会から遠ざかっています。

私たちはこのことにもっと自覚的であってよいと思います。恋愛をしていない人は、恋愛を「しない」という選択をした人ばかりではありません。恋愛をしていないことに後ろめたさを感じて、どこかそれを正当化してしまっているところはないでしょうか？　恋愛をしないという選択を装（よそお）わされていることはないでしょうか？　もちろん、それが嘘つきだとか、一概に悪いとかいうことを言いたいのではありません。恋愛について少し立ち止まって考える時間と機会を持ってもよいのではないでしょうか。この本を通じて、現に恋愛に前向きな人ばかりではなく、現在恋愛に関心がない精神障害当事者の方にも、なにか気づきやきっかけになれば幸いです。

*２０１５年国立社会保障・人口問題研究所の調査によると、18歳以上50歳未満の未婚者の中で交際相手がいないと答えた人は男性が69・8％、女性が59・1％、２０１０年に行った同調査では男性が61・4％、女性は49・5％なので、短期間に

大きな伸びを示していることになります。ちなみに、バブル期にあたる１９８７年の調査では交際相手のいない男性は50％未満、女性は40％未満にとどまっています。一方、現在恋人がいると答えた人は２０１５年の時点で男性が19・７％、女性が27・３％とのことでした。

＊＊平成27年度国勢調査。

＊＊＊平成29年度障害白書・精神障害者社会復帰サービスニーズ等調査。

STEP 0 具体的に行動していない段階

◉付き合うってなんですか？

相談

思春期に精神疾患を発病して入院したこともあり、恋愛をする機会を逸してしまいました。やっと病気が安定したと思ったらすでに40歳になっていました。親も高齢化しており、親亡き後は一人で生きていくのかと思うと寂しいです。生まれてから一度も異性とお付き合いをしたことがありません。お付き合いをするとなにが起きるのでしょうか。

当事者の考え

▼私も精神障害があり、異性とお付き合いすることに不安がありました。しかし、実際に付き合ってみると、とにかく毎日が楽しくなります。好きな人のことを考えるといつもより頑張れました。デートを楽しみたいから体調を整えたり、通所先の福祉事業所で無理しないようにすることで、前よりも安定していました。

▼私は、精神疾患を治療しながら、特に目標もなく生活する時期が長く続きました。でも、恋人ができたら、張り合いが出るというか生活にメリハリが出

ました。恋人ができる前は日常がただ過ぎていくだけみたいな感じだったんですが、デートするというのが短い期間での目標になりました。単純に楽しくなりましたよ。通院や薬より効果がありましたね。

▼私は、お付き合いをしてから、今まで気づかなかったことに気づけるようになりました。それまでは自分の世界だけだったけど付き合うことで相手の世界も知ることができるから、それこそ公園の花壇がきれいなこととか、素敵な音楽があることとか。とにかく世界が広がるから行動範囲も広がりました。一人だと行きづらい場所もあるんで。だから付き合ったら変化するのは自然だと思います。それが楽しいかな。

▼私は、障害のある仲間に、付き合う中で生じうる問題を乗り越えられるように用意をすることが大事だと伝えています。デートのときも頓服（とんぷく）は持ち歩いておく、無理をして付き合うことをしない、なによりも体調が悪くなるかもしれないことをきちんと相手に伝えておくことだと思います。真剣に相手を想っているからこそ苦しいことや苦しいときがあります。そして体調が悪化することによって自分を知るきっかけになることもあります。恋愛に不安は付き物です。だったら不安に目を向けるのではなくて楽しいことに目を向けておきませんか？

▼異性とお付き合いすると、これまで全く違う生活をしている人と多くの時間を一対一で共有することになります。異性を相手にするとなったら、気の遣い方はこれまでの人生で初めての大きさに。病気があると自分のことだけで精いっぱいなのに、それ以上に他人に気を遣うなんて疲れます！　私の考えですが、付き合うと病状は悪化します。ただ、これを乗り越えたい！　と思わない限り、恋愛は難しいと思うのではないでしょうか。

▼異性とお付き合いすると病状が悪化する人がいます。そういう人は、相手に合わせ過ぎてはいるかもしれません。自分の病状をリセットする方法を見つけられるといいでしょう。自分の時間をつくることも大事だと思います。自分の病状は自分で管理が基本ですから、悪くなるときのサインを前もって確認しておくことが大事です。病状が悪化することは付

き合っても一人でいてもどちらでもあります。しかし、相手がいることでいいこともあります。自分では気づかない初期段階で気づいてくれることがあるからです。早期発見、早期対応で病状悪化を軽く保つことができることもあります。

◉当事者が思っている「恋愛」「付き合う」とは？

▼精神科の薬を飲んでいるので、そのことを理解してくれる。その上で一緒にいて楽しいことが私にとっての恋愛です。

▼人間は30になっても40になっても50になっても恋愛していいと思う！　教師と生徒の恋愛があるように、患者と医師、障害者と作業所スタッフの恋愛が成立してもいいと思う！

▼恋愛とはなにか。答えはないです。その答えを探すと、人を好きになったり好かれたり、嫌いになったり嫌われたりして自分なりの恋愛が見えてきました。私の場合は恋愛で最終的に大事にできるのは一人だけ。

▼恋愛とは、好きな人のことを想うだけで、幸せを感じるときです。つき合うとは、お互いが告白したことでデートができる状況のことです。

▼私の場合はこの人の傍にいて一緒にいたら楽しいなと思ったら告白していました。「うん、いいよ」と一言でもあって二人きりで逢うようになったら私は付き合えたと見なしていました。告白って彼氏彼女への立候補みたいですね。

▼「付き合う」とはお互いにとってプラスになれる関係を築けること。

▼「付き合う」とは、おたがいに気持ちを確認し、恋人状態になること。「恋愛」とは、異性に心をひかれること。その人が喜ぶことをすることでその人が喜んでくれると嬉しく感じること。一緒にいて、心が安らぐ関係。辛いことは半分に嬉しいことは倍になる関係。

▼彼女と手をつないだり好きな映画を観たりして一緒に生きてゆければ付き合ってると言えるのではないかと思ってます。障害はたくさんあります。僕は、障害年金暮らしなので。でもあきらめません。

COLUMN 恋愛学

［蔭山正子］

恋愛学という学問によると、「恋に落ちる」ことと、「愛する」ことの間には区別があり、恋に落ちるという現象は激しい一時的な経験でせいぜい数か月で、それ以上続かないが、愛は永遠という考え方があると言います。* 恋と愛には違いがあり、一般的に恋は短期的、愛は長期的。どちらも恋愛の形ということなのでしょう。

「付き合う」とは、相思相愛、つまり、互いに好き同士であることを認識している状態**で、恋愛市場で考えると「独占的に保有する」と捉えることができるようです。*** 一般的には、ある種の契約が交わされていると思いますが、明確に契約をしているわけではないので、互いの認識に違いがあるかもしれません。

精神障害があっても、恋愛観は、健康な人とあまり変わらないと思われたのではないでしょうか。しかし、付き合うとなると、精神障害があることで、病状悪化の懸念、コミュニケーション障害、経済的困窮など、健康な人とは少し違う事情もあります。

*スーザン・S・ヘンドリック＆クライド・ヘンドリック（齋藤勇訳）『「恋愛学」講義』金子書房、39頁、２０００

**森川友義『「恋ゴコロ」のすべてがわかる早稲田の恋愛学入門』東京書店、２０３頁、２０１２

***同右、森川、１４３頁

STEP 1 相手を見つけるまで

◉みなさんはどんなところで出会いましたか？

相談

僕は、45歳ですが、発病してから恋愛どころではなく、未だに異性とお付き合いをしたことがありません。今は、恋愛をしたくて仕方がないのですが、会う人と言えば、作業所の職員さんやメンバーさんくらいで、すでに結婚している人が多いです。結婚相談所やお見合いパーティーも考えましたが、料金も高いですし、病気のことを伝えて理解してもらえるのか不安です。どうしたら病気のことに理解ある、未婚の異性と出会えるのでしょうか。

当事者の考え

▼確かに障害者を対象とした婚活のイベントは、なかなかない気がしますね。しかし、世の中、なにがきっかけで仲よくなれるかは分かりません。私は、障害者向けのイベントはもちろん、健常者中心のイベントにも積極的に参加してきました。社会福祉協議会や区役所や市役所などに行けばいろんな集まりのチラシがたくさん置いてあります。そのチラシの中で興味を持ったイベントに参加することをお勧め

します。

▼障害を理解してくれる人と出会える場は少ないと思います。誰か協力してくれそうな人に相談してみるのはどうでしょうか。たとえば、ひきこもりや精神障害の家族会は各地方に大体あります。まずは家族会の方と仲よくなって現状を訴えてみてはいかがでしょうか？　家族会の方が手伝ってくれるかもしれません。なにかしらのきっかけをつくるのが大事だと思います。あなたの周りの支援者に相談してもいいと思います。

▼私は、双極性障害です。性格的に異性に対しては昔から積極的です。ナンパも逆ナン（逆ナンパの略で、女性から男性をナンパすることを言います）も立派な出会いだと思います。僕なんか「付き合ってください！」と六本木の交差点で土下座したこともあります。ナンパほど純粋な口説き方はないと思います。なんの損得勘定も無しに、ただこの子と仲よくなりたいという気持ちだけです。一期一会（いちごいちえ）です。みなさんもどんどん自分を磨いて、自信を持って素敵な人と知り合っていきましょう。

〔吉川礼子〕

―体験談― オフ会

病気になると出会う機会が少なくなることが多く、異性の方と出会う機会がないと言う方が多いです。そのような方に、私は、オフ会をお勧めします。

オフ会とは、なんでしょうか？　それは、共通の趣味の男女が集まって、お話しをする場所です。昔、私が参加していたオフ会は、共通のゲーム仲間が、北は北海道、南は滋賀県から、集まってお話をしてました。ゲームをしながら、お酒を呑んでお話をして、携帯電話の充電がなくなります。カラオケBOXで、タップ式の延長コードを使って充電しながら、オフ会をしたのを覚えています。男女が、集まって同じ趣味の話をして、楽しい時間を過ごさせて頂きました。

オフ会とは、どんな感じで進むか？　たとえば、麦茶ファンがたくさんいるとします。麦茶について、奥深く追究して話をする感じだと私は思います。つい先日も、東京で懸賞の集まりがありました。女性ばかりのオフ会と思っていたら男性の方もいました。直ぐ後ろに男性がいました。同じ趣味を持っている方で、「私は精神病で専業主婦してます」と正直に話をしました。そうしたら、「僕も、同じ病気で家にいます」と言われ、共感して（メール）アドレス交換をしました。それからも連絡を取り合って情報交換してます。

ひょんなことから異性との出会いがあるなと思いました。どこでどんな出会いがあるか分からないし、ひょんなことから同じ趣味の人が集まってオフ会するか分からないと今回思いました。

どうやってオフ会を見つけたかというと、同じ趣味とか持つ人のホームページを見たりしてみつけました。たとえば私の場合、懸賞王国という懸賞サークルを見つけて参加しているのでオフ会の情報を得ることができます。そこに誰か情報交換しませんか？　って載せれば手紙がきて友達になり、お会いすることがあります。「オフ会しようよ」と簡単に言えます。人数を集めたり場所を決めたり幹事さんは大変ですが。感覚は同窓会に似てると思います。同窓会みたいな感じで私は楽しかったです。

〔根本響子〕

一体験談一婚活パーティー

私は、社会人2年目の20歳の成人式を終えた翌月に発症しました。周囲に対して過敏になっていました。すぐに心療内科に通院し始めますが、病名は知らされず、病識も無かったです。病名を知ったのは、診断書が必要になった24歳のときでした。診断名を見て自分が、「統合失調症」だと、知りました。

婚活パーティーに参加したのは、21歳で、まだ病識がない頃でした。私は、学生時代の恋愛経験に乏しく、社会人となった時期に上司から「たくさん恋愛した方がいいよ」と助言をもらうほど、奥手でした。恋愛に関しては、さすがに焦り始めていました。どこに出会いのヒントがあるのかと、思いついたのは、本屋さんでした。ふと、雑誌を見ていたら後ろのページの方に出会いの場を提供しているパーティーのことが掲載されていました。彼氏がいなくて寂しさを感じていたときだった影響か、若さで行動力があったのか、「思いきって参加しよう」と、決断して、電話で申し込みをしました。男性は、確か5000円位で女性は、無料でした。

会場入り口で、受付を済ませ、自己紹介カードと数字が書いてある紙をもらいました。会場では、正装をした男女がいっぱいいて、真ん中のテーブルにお菓子とお酒とお茶が置いてあり、壁際に椅子がたくさん並んでいました。大体、人数がそろったら、司会者が男女を取り仕切り、自己紹介タイムになりました。制限時間が決められていて、少なくても10人の人と名前と挨拶と趣味の話をしていきました。制限時間内に相手の第一印象が分かることがあり、好印象だった方、好みのタイプの方を選んでいました。次は、フリータイムです。椅子に座って話したり、立って話したり、若かった私は、勢いでいろんな男性に話しかけていました。男性とお話をする事が、とても新鮮でした。そして、とても楽しかったです。なぜ楽しかったかは、自分から男性を手に入れようという心掛けがよかったからです。告白タイムで、私は、好みのタイプの男性と運よく結ばれました。次のハードルは、デートです。デート前は、特に緊張していたので、恋愛の練習をしようと、気楽に考えました。

出会いの場を提供しているパーティーでの収穫は、セッティングされた場所だと上手くいくことと、必要に迫られたら努力できることです。

出会いの場を見つけられたことで、少し自信がつきました。

一体験談一を受けて

【蔭山正子】

障害者にとって異性との出会いの場が少ない理由の一つは、障害者向けの福祉事業所に通い、「障害者」という閉じた世界で生きることが多いからだと思います。そうすると、行動範囲は病院、福祉事業所などに限定されやすく、出会いが少なくなるのはごく当たり前のことです。また、障害者だけで交流するだけでは、閉じた世界に生きることになってしまいます。障害のない方も交えた人との交流が必要だと思います。

最近は、婚活アプリで相手をみつける健常者も多くいます。相手を見つけるときには条件を設定するのですが、そうすると障害にジェンダーの問題が絡んできます。障害のある女性は、婚活パーティーに諦めずに通って健康な相手を見つけたという話もよく聞きますが、障害のある男性にとっては、年収などの条件を決めてから結婚相手を探すという順番だと、どうしても厳しくなります。

精神障害のある方には、苦労を味わった分、優しい方が多いですし、人間的に魅力のある方が多いと思います。相手探しでは、まず人柄を知ってもらって、親しくなったら病気のことを告げるという流れの方がうまくいくように思います。趣味のサークルですと、まず共通の趣味で仲よくなります。好きになる相手を条件で選ぶ人ばかりではないと思いますので、人間性を知ってもらえば、相思相愛になるチャンスは高まるのではないでしょうか。

COLUMN 障害者の出会いの場「めんちゃれ」

【根本俊史】

精神疾患の当事者が恋愛を求めて集まる出会いの場として横浜に初めてできたのが「めんちゃれ」でした。「めんちゃれ」を始めたのは私です。私も、発病してから異性との出会いを求めていましたが、最初は他力本願でした。病状が落ち着いてきた頃、仕事を始めて、さあ彼女をつくるぞと勢い込んだのはいいのですが、実際に出会う場はありませんでした。そんな中、毎月仕事の定着支援をしてくれる就労支援センターのスタッフや就労を支援してくれるジョブコーチの方に、出会いの場をつくって下さいとお願いしていました。言い続けた期間は2年間に及びます。そして、ジョブコーチを派遣していた事務所の理事長から出された案は、逆転の発想で、支援者がつくるのではなく、当事者自らが出会いの場をつくるというものでした。そしてその理事長が他の当事者に声をかけてくれて人を集めてくれて、「めんちゃれ」が2011年に発足しました。活動としては、カラオケや茶話会などを開いて出会いの機会をつくっています。めんちゃれで出会って結婚したカップルが2組、めんちゃれに参加したあと他の場所で出会って結婚したカップルが3組います。交際にいたったカップルは数えきれません。

（「めんちゃれ」は2020年6月より、YPS横浜ピアスタッフ協会に吸収合併されました。）

COLUMN 障害者の出会いの場「今夜は恋愛」［堀合研二郎］

恋愛をテーマにしたイベントを開催したら面白い。人も集まるだろう。

そんな思いつきで始まったのが、今やYPS2月の恒例行事となった「今夜は恋愛」です。

毎年2月のバレンタインデーの時期には、皆様に特別な夜を過ごしていただきたい。恋愛をネタにして盛り上がろう。

恋愛SST（ソーシャルスキルトレーニング）！　何それ？

恋愛トラブル110番！　悩みは解決したかな？

恋愛徹底討論！　理想の彼氏・彼女ってどんなだろうね？

参加費は男性の方が高め。それでもふたを開けてみると、男性からしか参加申し込みがこない（泣）。

毎年2月のバレンタインデーの時期には、知り合いの女性に電話をかけまくって「今夜は恋愛」への参加を呼びかけまくる僕。

5人。

10人。

20人。

30人！　いいだろう！　打ち止めだ！

そんな苦労をしつつも、本当に楽しいイベントだと自画自賛してしまう僕。

恋愛ってやっぱりその人の本性がむき出しになるものだと思うし、現実世界で体験できる一番面白いテレビゲーム、だと思いませんか？

「男と女のラブゲーム」なんて歌の歌詞もあるし、勝った負けた「クリアした！」と思ったら裏面が現れる、みたいなね。人類が生存する限り続いていく営みだろうし、人類が生存するために続けていく営みでもありますよね。

「今夜は恋愛」参加申し込みの際には一応性別を教えてください。男性からは参加費を高めにいただきます。プレゼント持参は喜ばれます。新調しなくていいですから、持ってる中でいい感じの服を着てきてください。紳士・淑女であってください。だけど本音丸出しのぶっちゃけトークは大歓迎です。

毎年2月のバレンタインデーの時期に、港のYPS横浜ピアスタッフ協会が贈る一夜限りのお花畑「今夜は恋愛」。ご興味が湧いた方はぜひ来てみてください。

STEP 2 意中の相手を見つけて、お付き合いするまで

◉どうしたら好きな人と付き合えますか？

相談

好きな人ができました。障害のためにコミュニケーションが苦手で、話すことさえうまくできません。洋服のセンスも悪いです。これまで異性と付き合った経験がないので、どうしたらお付き合いできるのか分かりません。

当事者の考え

▼障害があるとコミュニケーションが苦手ということはよく分かります。私もそうでした。しかし、恋愛はまず話ができないとなにも始まりません。恋愛対象者だけとしか話さない人もいますが、それではなかなかうまくいきません。同性、異性にかかわらず誰とでも楽しく話せることがとても大切だと思います。会話の上達も練習が必要です。どこのプロの世界でも練習が重要なのですからアマチュアの私たちなら、なおさらです。でも話し続けることが会話の上手さではありません。キャッチボールです。聴くことも大事な会話の技術です。それだけは私も大事にしています。

▼私たちのように病気を抱えながら生きていると、作業所に通うことだけで精一杯で、なかなかおしゃれまで気を遣うことが難しいということはよく分かります。でも、恋人がほしいと思うなら、それなりの準備が必要かと思います。まず身だしなみはどうか。お風呂入ってますか？　ひげ伸ばしっ放しではないか？　とか服装もこざっぱりしてますか？　とか。食事などのマナーはどうでしょうか？　本当の愛は見かけなど気にしないものとは思いますが、初対面では、やはり第一印象が重要ですから。私も恋人ができるまでに、自分磨きをするように心がけました。

▼私にとって、恋愛に一番大事なことはフィーリングです。会ったとき、話したときの印象が大事だと思います。不安を払拭（ふっしょく）するための安心材料は、自分自身が自信を持つことです。いつどんなときでも、好感を持ってもらえるようにしましょう。やはりこれも場数が大事になってきます。本番だけでなく練習も大事だと思います。

▼私は恋人ができるまでいろいろと悩みました。さして見た目がいいわけでもなく、性格がいいわけでもなかったので。このままだと好きな人ができても付き合ってもらえないだろうなとずっと思っていました。そこで私はまず自分の魅力を高めることから始めました。なりたい自分になっていくと少しずつ自分に自信がついてきます。自分に自信があれば人を好きになることに対して勇気が出てくると私は思います。少なくとも私はそうでした。そしていろんな人を好きになりました。何度も失恋しましたが今は結婚して楽しく過ごしています。恋愛をするためには性別を問わずたくさんの人と出会うことが大切ではないでしょうか。様々な価値観、考え方、生き方に触れること、そして自分にとって恋愛とはなんなのかを、考えることが大切だと思います。

一体験談一恋愛、結婚までの道のり

〔根本俊史〕

私は「めんちゃれ」でカップルになって結婚した第1号です。

初めて妻に出会ったのは2011年の年末近くにあった「めんちゃれ」会議のときでした。会議が終わったあと、部屋を出ようとしたとき綺麗な女性がいたことを覚えています。なんと妻はそのとき「めんちゃれ」会議を見て相手を品定めしていたらしいです。そのとき2番目によかったのが私でした。

ときは少し流れて2回目の出会いは「めんちゃれ」の花見のイベントのときでした。集合場所で支援者と話していたのが妻でした。やはり、そのときも綺麗な人だなくらいの印象でした。かなり緊張しているようだったので、まだ恋愛には早いのかなと勝手に思っていました。花見会場に行って花見をし、ご飯を食べ、少しトランプなどでゲームをしました。そしてなにごともなくイベントは終了。二次会のために私は来ている女性全員に二次会に来るかを聞いて回りました。もちろん妻にも話をしたら即答で参加すると返ってきました。意外だなと思いました。飲み会まで時間があるので公園を歩いていると妻から話しかけてきました。たわいない世間話です。バスで横浜に出て居酒屋で二次会。これはとても盛り上がりました。そして二次会が終わる前にみんなで連絡先を交換。私は二次会を終えて三次会に行く途中、二次会を終えて帰る組だった妻からメールと電話が。そのまま三次会を断って妻と二人で会いました。カフェでお茶をしながら話をしていると、とても気が合うことを発見しました。男性の私としても女性からアプローチしてきた安心感があります。あとは夜の横浜の街を歩いてお互いの気持ちを確かめ合いました。次に会う日も決めてその日は終了。

次のデートは私の誕生日です。妻は仕事の同僚とプレゼントを選んでくれました。その後、デートは週に3〜4回はしていました。ほとんどがファミレスでお茶や食事です。何時間も話をしていました。内容は世間話から仕事の話、将来の話です。意外と妻からメールや電話でグイグイきていました。それに応える感じで付き合って1か月もしない内に横浜のファッションビルでペア・リングを買いました。妻は「どの指にしたらいいの?」と聞いて来たので私はもちろん「左手の薬指でしょ」と返しました。

結婚を意識し始めた私たちは二人で住むところを考え始めました。県営や市営も考えましたし、実際県営に応募して当たりましたが和式トイレだったので断りました。話題が二人の暮らしについてのことが多くなったので、私は付き合って2か月後には結婚届を自分の分だけ記入して妻に渡しました。プロポーズの第1回目です。その後は両家の食事会。そのときに妻のお父さんに「響子さんを僕にください」と言いました。プロポーズ第2回目です。そして6月20日大安の日に入籍。晴れて夫婦になりました。

体験談――支援者に協力してもらい結婚へ

〔根本響子〕

私の精神症状は不安感が強いのが目立ちます。そのため専門家に相談する機会が多く、そんなやり取りの中で「めんちゃれ」のことを知りました。

私が「めんちゃれ」に参加した目的は彼氏を見つけることでした。2011年の冬、「めんちゃれ」の会議に初めてほんの少しお邪魔しました。その後、当時お世話になっていた支援者に小声で「誰かいい人いた?」と聞かれました。私は、そのとき二人いい人を支援者に言いました。そしたら「○○さんは、彼女いるよ。」と言われて私はその時点で諦めました。しかし、もう一人の人を言ったら、「根本さんね。彼女いないと思う」との内容の答えが返ってきました。その上「根本さん、なんでもできる人だよ。国語の先生の免許を持っているよ」などなど、のちの夫になる根本のいい印象のお話が聞けてそのときは過ぎ去りました。

年が明け、2012年春、めんちゃれイベント「お花見」の告知が支援者から携帯のメールで届きました。参加を勧められました。支援者も参加してくださるとのことで参加することができました。お花見でもそばに支援者がいてくださりとても頼もしかったです。当時、個人的にとても辛い時期でしたが、めんちゃれでは伝言ゲームをしたり、トランプをしたりして安心して参加することができました。

そして場所移動になったとき、「二次会に参加する?」と、根本の声掛けがありました。私は一人で帰るところだったのです。その一言がなければ今も独身だったと思います。「運命的だ」と、感じました。

二次会は、居酒屋でした。私は根本に狙いを定めて近くの席を確保しました。しかし、根本は正面に座った女性との会話が盛り上がっていました。私はその場にいるだけで精一杯でした。しばらく時間が経過したら、「みんなでアドレス交換しよう」と、根本の声掛けがありました。とても気が利く男性だと思いました。私が積極的になれたのはそれからです。二次会が終わり一人で横浜駅にいて寂しくなり思い切って根本に電話しました。そしたら待ち合わせ場所を決めてくれました。私は迷子になっていたため遅れて到着しました。嫌な顔や嫌なことを言われるのかと思っていたら根本は余裕があり嬉しそうに私を出迎えてくれました。それからカフェでお茶しました。その日、初めてお話したのですが既に友人になったような感覚でした。とても楽しい時間だったので次また次と会う約束をしました。お話を繰り返しする中で不安な気持ちは正直に相談して根本は私を守ってくれました。「この人となら大丈夫だ」と確信できたので結婚しました。

―体験談―を受けて　【蔭山正子】

根本夫妻の馴れ初めを知りました。一見すると健康な方とのお付き合いとなんら変わらないようです。病気をもってのリカバリーは人それぞれですが、お二人とも、恋愛をしたい、結婚をしたいという強い気持ちをもっていたことがまず重要だと思います。そして、二人を支援してくれる周囲の方にも恵まれていました。俊史さんの希望に応じて「めんちゃれ」の設立を支援してくれた支援者や、響子さんの背中を押してくれた支援者の存在は大きいと思います。

お二人はコミュニケーションが苦手だと思います。俊史さんは、今はおしゃべりが上手な方で、特に聞き上手な方ですが、学習障害もお持ちで、以前はあまり会話が得意ではなかったようです。一方、響子さんは、実はとてもユーモアのある方ですが、緊張して無口な方です。このお二人は、ペースが合っているような気がします。

◉恋愛での距離感とはなんでしょう？

相談

私は、気に入った異性ができると、しつこく話しかけてしまいます。相手からも嫌がられて、注意されます。他の人からも注意されるのですが、直すことができずに困っています。私は、人との距離感というものが分かりません。異性に限らず、信頼できると思うと頼りすぎて、相手の負担になってしまうことが多いです。

当事者の考え

▼僕もお気に入りの女性ができると、ついつい近くに寄って話しかけてしまいますので、お気持ちはよく分かります。僕も場の雰囲気を読むということができないのです。障害の影響もあると思いますが、僕は発病後長くひきこもっていたため、人と接する機会が少なかったことも原因ではないかと思います。これから、距離感のとり方を練習するつもりです。一緒に頑張りましょう。

▼私は病気になってから、不安が強くなりました。そのせいか、誰かに頼りたい気持ちが強くなっています。お付き合いすると、彼がいないと不安になります。距離が近くなりすぎて、「重たい」と言われてしまいました。作業所のスタッフに相談したところ、作業や趣味にも目を向けた方がいいと言われました。携帯電話にかじりついて連絡がないことを不安に思っていましたが、趣味を始めるうちにそんなことは気にならなくなりました。

▼私の周りにも相手が嫌がるのに話し続けてしまう当事者がいます。話しかけるのは同じ空間に居る以上普通の事です。でも、話し続けられてしまったら相手は困ります。話しかけたら相手の様子を見る。そして相手が返してこなかったら相手は話したくないというサインです。黙って相手の返しを待つ。それ以上話しかけるのは迷惑行為です。好きではない人があなたに対してしつこく迫ってきたらどう思いますか？　嬉しいですか？　嫌ですか？　もし嫌ならもうお分かりだと思います。自分がされたら嫌なことは他人にしない。人付き合いの基本になることです。私は距離感ではその場の雰囲気（相手の表情）を大事にしています。

▼初めのきっかけづくりは大変かもしれませんね。直すことができないならば、それは仕方ないと開き直ってもいいように思います。距離感は相性のようなもののように思います。あなたの「しつこさ」が響くお相手と出会えるよう願っています。

体験談　片想いを繰り返して女性との距離感をつかんだ

［吉川進］

若い頃から片想いしかしたことがなく、高校も男子校だったので、女性との接触もなく、肥満体で自分の容姿に自信がなく、会話もできない状態でした。精神疾患を発症して、20代の頃も引きこもりだったので友人は0（ゼロ）でした。なんとか30歳でデイケアに通うまで、女性とは縁もなく妄想だけで、半ばあきらめていました。

　そこに現れたのが僕のことを受け入れてくれてなにかと気にかけてくれたデイケアのスタッフの女性でした。たちまち想いは募り、好きになりました。この頃から僕のスタッフ好きの傾向が出始めました。彼女は独身だったので期待は膨らむばかり。いずれは結婚したいと身のほど知らずな妄想にかられてました。けっこう好きですアピールをして脱線気味だったので迷惑な利用者だったのでしょう。1年程でスタッフの女性は退職することになったので別れは辛いものでした。その後も職員の女性に恋をしましたが、その後の片想い遍歴は既婚者の女性だったので、ある程度ブレーキの利いた片想いでした。当事者の方々も優しい異性のスタッフに恋をすることも多々あるでしょうが、成就はかなり困難があります。自分磨きに励みましょう。

　デイケアに5年間いて作業所に移りましたが、そこでも女性スタッフを好きになってしまいました。この頃から失敗から学んだことが活きてきて程々の距離感が分かるようになりました。異性と話ができなかった僕が片想いではあれ好きな女性と会話ができている。それだけでも幸せなことじゃないか……と思えるようになりました。今、思うと僕は弱い自分を支えてくれる、しっかりとした女性を求めていたんでしょう。ある日、作業所にボランティアの女性がやってきました。第一印象では、よくあるボランティアさんの一人という印象しかありませんでした。話してみると面白い人で、こちらの話にのめり込んでくるように聴いてくれる女性だなと思いました。僕の趣味の、ドラマの話も熱心に聞いてくれました。彼女がボランティアを辞めても連絡先の交換には成功してはいました。このことから、やはり適度な距離感を保つということが活きてくるのだなと感じました。相手に嫌がられずに安心してもらえる程々の距離感。運命の異性なら神様は必ず再会させてくれて道を示してくれるのだと感じます。その後、彼女が興味を持ってくれたドラマのDVDが僕の手元に入りました。観てもらいたいので、お貸ししますよとメールをして再会の運びとなりました。彼女とDVDの貸し借りをしているうちに、お付き合いから結婚するという、いわゆる自然な流れになりました。自分の好きな音楽なり本などを貸し借りするのは恋愛したい方にはおすすめです。自分の好きな本や音楽を彼女も感じてくれる。それは形はないけどデートをしてるのと同じようなものです。ボランティアだった女性と結婚しましたが恋愛と結婚は、また別物で、かなりの修羅場も経験しましたが、以前の僕を思えば、これも幸せな恵みだなと感じます。人を好きになるということは誰しもが許されている生きている証拠、価値のようだと思います。いいことばかりでもありませんが悪いことばかりでもないと昔から言われているように、たくさん恋をして人間的に成長できるといいですね。

―体験談― 支援者のアドバイスで距離感の問題に気づいた

〔根本響子〕

私の場合、精神障害になって8年いたデイケアでは、異性と話をしたことがほとんどありませんでした。異性と会話する勇気がありませんでした。

同性とは話が少しできる相手がいました。話をしすぎる同い年の相手と話をしなさすぎる私がいました。話をしすぎる同い年の相手に対して話を聞きすぎてしまい、巻き込まれました。断ると相手が傷付く（悲しむ）と勝手に自分で解釈していました。また、私は、おせっかいなところがあり、相手のことに親身になっていました。私は話が得意ではないので話ができる相手に嫉妬してしまっていました。私はストレスになり、負担に感じてしまいました。お互い程よくお話ができたらいいな、と感じました。

作業所に通所し始めたころから異性との距離が近づく経験をしました。男性の多い作業所でしたので、お仕事をしていく中で、自然と恋愛感情がめばえ始めたのです。その方（元彼）は、私の誕生日に猫のキャラクターのストラップをくれて、そのことで、私がその方から嫌われているという妄想がなくなりました。その5か月後くらいに私から告白して付き合い始めました。その方とはお仕事とプライベートとずっと一緒に過ごした濃厚な3年でした。男性は情に厚く、私も影響を受けて距離が近い日が続きました。そんなとき、支援者には「別々に行動していた所を偶然街で見かけたけれどよかったよ」と、なにげなく距離が近すぎるのを注意して見守っていてくれたようです。デイケア、作業所で、私は支援者のアドバイスでようやく距離感の問題に気づくことが多かったです。

今感じることは、距離が近くなると窮屈（きゅうくつ）に感じたり、イライラしたり、不機嫌になってしまいがちな私がいました。支援者からの客観的なアドバイスが今でもあり、私の課題です。

［蔭山正子］

一体験談一を受けて

吉川さんは、デイケアや作業所で異性との距離の取り方を覚え、晴れて結婚に至りました。根本響子さんは、異性同性にかかわらず、適度な距離感をつかみにくいところがありました。「恋は盲目」と言われるので、異性との距離感がとりにくいということは障害の有無とは関係ないかもしれませんが、同性も含めて距離感の取りにくさがあるので、障害の影響があるのではないでしょうか。

バウンダリー（boundary）という言葉があります。これは、自分と他人の心理的な境界のことで、日本語では「距離感」というのが一番意味として近いように思います。精神障害の障害の一つに、あいまいなことを理解することが苦手ということがあります。距離感は○センチメートルと測定できるものではないので、感覚的につかむ必要があり、障害があると難しい場合があります。また、距離感は関係性が親密になると、制御が難しくなります。パートナーや家族は最も距離が近くなります。時に支援者に客観的にアドバイスをもらうことも必要かもしれません。

◉付き合うときに当事者か健常者かを考えますか？

相談

当事者同士で恋愛の話をすると、健常者としか付き合わないという方がいました。自分が当事者なので、悲しい気持ちになりました。当事者か健常者かという区別で考えるものなのでしょうか。

当事者の考え

▼健常者を選んだとしても相手がずっと健常者って保証はないと思います。人生はなにが起こるか分からないから。健常者を選んだけど、あとになって障害者になったら別れるのかと考えると、そうじゃないと思うんです。だから、僕としては障害者でも健常者でも関係ないという考えです。

▼障害者と健常者という区別はナンセンスだと思います。障害者施設に通っていて、身近に素敵な人がいたら、障害があっても自然に恋愛が始まると思います。普段会う健常者と言えば、施設のスタッフくらいしかいません。つまり、身近な人かそうでない人か、社内恋愛か社外恋愛かという違いに似ているのではないでしょうか。

▼私の周りにも結婚するなら健常者と言っている女性当事者がいます。やはり経済的な面や、病気の相手を支えられるか不安と言っていました。子どもを育てるとなると、より手堅く条件で相手を選びたくなる気持ちは分かります。でも、幸せって条件では決まらないと思いますし、私は動物的感性を大事にしたいと思っています。

—体験談—決め手は人間力

私は36歳のときに8歳上の統合失調症の夫と結婚しました。決め手は恋愛感情ではなく、人間力だったと思います。どん底の景色を見たことがありつつひねくれていない、そして人間関係は6分目というまわりに依存しない安定性に惹かれたというか、敬意を抱き、このまま関係を断つよりは結婚しちゃえ、という感じでした。経済生産力や社会性は一般に健常者の方が優れているとしても人間力はまた別の次元だと思います。

結婚するなら健常者障害者問わず尊敬できるだけの人間力のある人が私はよかったです。あとは相性も大きいと思います。正直健常者でも障害者でも相性が合わない人とは結婚するはずないので。

［吉川進の妻］

—体験談—好きになった人が健常者だったり障害者だったりするのでは

僕は先天性の二分脊椎で生まれた。口唇裂（こうしんれつ）が無いから見た目は分からないが口蓋裂（こうがいれつ）もある。親が未婚のシングルマザーで鍵っ子。独りぼっちだった。話し相手が欲しかったのだろうか。僕は人格が分裂したことで現在存在している。性別や性格も名前もある。だが身体は一つ。解離性同一性障害。多重人格となった。

始まりは2歳の頃になるらしい。老若男女いる。厨二病（ちゅうにびょう）もいる。男の子が好きな男の子。女の子が好きな女の子。仕事が好きなお姉さん。ゲームの好きな僕。ストーリーをつくるのが好きな人。コレクター。僕らには普通がない。

僕らにとっての普通とは一般論で多数意見。僕らは少数意見で異質だからレア。健常ってなんでしょう。心身ともに健康な方とたまに書いてあるチラシを見たりするのですが、まぁ見事にあてはまりませ

［猫柳ゆーぎ］

ん。ですが健常の自分がないと病気による挫折がなにかも分からない。多数意見を聞いて把握するのがやっとです。

だから健常者との恋愛の違いも分かりません。人として相手を好きになり、一緒にいたいと思った人が異性だったり同性だったり健常者だったり障害者だったりしただけです。みなさんはいちいち相手を選んでから好きになるんですか？　好きになった人がこの人でこうゆう環境で育って来た人だったじゃないんですか？

〔中村俊輔〕

体験談　健常者だった頃の自分として

妻と知り合ったとき、私は健常者でした。妻とは、出会い系サイトで知り合いました。最初に会ったとき、妻が精神障害や身体障害の当事者ということを知らされました。そのとき、どう思ったかというと、当事者だからって差別する気もないし避けることもしないと思いました。なぜそう思ったかというと、そのときは自分が好きになった人なんだから当事者だろうが健常者だろうが関係ないと思いました。多分、これは親戚にてんかんを患っている人もいたおかげでそこは抵抗はありませんでした。

正直、妻のおかげでいろいろな精神障害のある方と知り合い実際に話していると普段は健常者と変わらないと思いました。しばらくして、私自身が統合失調症を発症し、当事者同士の夫婦になりました。自分自身が健常者から障害者になったわけですが、違いはあまり感じていません。ときにはけんかもありますが15歳になる子どもと一緒に暮らしています。

「体験談」を受けて

［蔭山正子］

付き合うなら、あるいは、結婚するなら、当事者か健常者かどちらがいいかという質問自体ナンセンスだと思うのですが、実際には、当事者の間でもそのような話題が出ます。普段、差別偏見を嫌がっている当事者からそういう言葉を聞くと正直悲しくなります。当事者は辛い経験を乗り越えた分、人間力の高い人が多いように思います。体験談にあるように、好きになったら病気の有無は関係なくなるような気がします。ちなみに、私は、同年代の独身キャリアウーマンに当事者との恋愛・結婚を勧めています。

◉相手に病気のことを伝えたほうがいいのでしょうか？

相談

私には、精神障害があります。健常者の彼と何度かデートをして、とても気が合うのでお付き合いをしたいと思っています。まだ彼には、自分の病気のことを伝えていません。病気のことを伝えたほうがいいのでしょうか。どのように伝えればいいでしょうか。

当事者の考え

▼私は、会って間もなく病気のことを伝えるようにしています。友達になるときもです。あとから伝えて「病気の人とは付き合えません」は一番痛い。

▼私は人生の大半を、統合失調症とともに歩んできました。そのため今まで、「お相手の女性には、この障害を理解してくれることが前提条件だ」という気持ちがどこかにありました。しかし少しずつ、「それを前提条件とすると、お相手へのハードルが

高くなってしまうだろう。あくまでこの障害は個性であり、その個性をお伝えするのみ」というスタンスへ変わってきました。

▼病気のことを伝えることで去っていく人もいるとは思います。でも気にしない人もいます。伝えるのであればきちんと伝えたほうがいいと思います。あいまいに表現したりぼかしたりせずに丁寧にきちんと口頭で伝えることで相手も真剣に聞いてくれると思います。全てを伝えれば相手の方もきちんと伝えてくれたのだから、きちんと考えて向き合ってくれると思います。もちろん曖昧にごまかして伝えることもできますが隠していたことが原因で破局する可能性があると思います。就職と違い、いずれ24時間、一緒に過ごすときが来ることを考えれば、きちんと伝えておくことがお互いにとって大切なのでは？

▼障害があったって普通の人間と同じです。言いたいことは言っていいし、言いたくないなら言わなくてもいいと思います。言うタイミングは人それぞれ。でも、言うタイミングも個性です。将来のことを考えると、お相手の親御さんにも伝えなければならなくなります。さて、どのタイミングでどう伝えるか？　二人だけでしばらく時間を過ごしたいのなら、付き合ってからしばらくして、たとえば「うつ気味なんだけど」と切り出し、「心療内科を受診したほうがいいかな？」と聞いてみてはどうでしょうか。そこでの反応は「ご自由に」「大丈夫？」「一緒に行こうか？」などなど、様々ですが、二人の関係を表しています。ショックを受ける言葉が返ってくるかもしれませんが、反応を確かめたうえで「この人でいいのだろうか」を判断されるとよいと思います。

―体験談―　病気のことを伝えてもなにも変わらなかった

［野間慎太郎］

私は妻との交際が始まって半年後くらいに心の不調を感じ、なにかと精神的に不安定になりました。20歳という年齢もあるとはいえ、あまりにも突然、気持ちが落ち込んだりするようになり心療内科を受診しました。当時は精神科というとまだいろいろな抵抗を感じていて世間的にはまず心療内科という風潮だったこともあり実質的には精神科となにも変わらないのですが、まだインターネットが主流ではなかったこともあり情報が乏しく電話帳で病院を探し、通院しやすい場所で選んだ記憶があります。

そしてうつ病の診断がつき、隔週での治療が始まりました。現在ではあまり使われなくなってきている三環系(さんかんけい)抗うつ薬による服薬治療だったのですが、あまり効果を感じることができず量がどんどん増えていき副作用にも悩まされるようになりました。数か月ほど通院しても一向によくなる気配がなかったため、私はだんだんと自己嫌悪になっていきました。同じ世代のカップルがしているようなプレゼントを贈り合ったり旅行に行ったりということを妻に対してなに一つできない自分が情けないような申し訳ないような気持ちであふれていました。

あるとき、妻にポロリとこの気持ちを伝えたことがあります。返ってきた答えは「別に気にしていないよ」でした。このことについて本のために改めて話を聞いたところ次のような答えでした。

当時、私はまだ20歳の学生だったこともありそもそも期待していなかったし、お金がないのも今に始まったことではないから、お金がなくて旅行に行けないのと精神的に不安定だから旅行に行けないというのも、いずれにせよ旅行に行けないという結果は変わらないから気にしていなかったそうです。それでも一緒にいたのは恋愛経験がほとんどない自分をとても大切にしてくれたし、好きでいてくれたことが嬉しかったし、こうやって想ってくれる人は大事にしたいと思っていたから一緒にいてくれたそうです。なにより結婚ではなく恋愛なので本当に自分がしんどくなったら別れてしまえば済むと考えていたと話してくれました。

結論としては最初から私になにも期待していなかったので精神疾患はプラスにもマイナスにも作用していなかったということです。とはいえ年齢的なものもあるのでいつかは成長してくれるだろうという期待はしてくれていて、愛情表現だけは人一倍伝えてくれたので一緒にいたいと思ってくれていたそうです。今、思い返すと私はただ自分の未熟さや甘えを精神疾患があることに転嫁して逃げていただけだったんだと思います。だから私のように逃げ道として精神疾患があることを伝えるのであれば相手が去ってしまうリスクは高まるのかもしれません。私はたまたま人間関係を大切にする習慣があったので精神疾患があるということをカバーできたのだと思います。だから精神疾患ばかりに目を向けずに自分がなりたい人物像を描いておいたり、憧れる人を見つけて少しでも近づいていけるように努力していけば大きな問題ではないのではないかと思っています。

一体験談一を受けて

［蔭山正子］

野間さんの奥様が「とても大切にしてくれたし、好きでいてくれたことが嬉しかったし、こうやって想ってくれる人は大事にしたい」と思っていたというところに共感しました。野間さんは確かに人を大切にする方だと思います。そしていつも奥様のことをとても大切だとおっしゃっています。もともと二人の関係を大切にしてこられたなのなら、病気であってもあまり関係がないのかもしれないですね。

STEP 3 付き合ってから

◉お金に余裕がないですがデートできますか？

相談

やっと異性とお付き合いできることになり、初デートのプランを考えています。デートというと、映画を観たり、夜景の綺麗なレストランで食事をするというイメージがあります。でも、実際には、私は障害者年金しか収入がないので、豪華なデートをする金銭的な余裕がありません。みなさんどうしているのでしょうか。

当事者の考え

▼世間によくあるデートスポットなどの情報に惑（まど）わされることはないと思います。障害者手帳（精神障害者保健福祉手帳）があれば、たとえば私の住んでいる市では、公営の動物園は無料で入れますし、自治体が運営しているスポーツセンターなどでは無料でプールやフィットネスが利用できます。そのほかにも地域の支援センターなどの催し物を探せば、けっこうカップルで楽しめて安価で済むデート方法はあるかなと……。

▼お金がなくてもデートはできると思いますよ。

デートってどこか行かなきゃならないんですかね。相手の家で手料理ふるまったり、レンタルした映画見てもよくないですか？　外なら動物園とか好きな街をブラブラするの気持ちいいですよ。二人でいるのが楽しい時期なんだから。

▼付き合っているときの気持ちで大事なのは、どこに行きたいか、よりも、どれだけ一緒の時間を過ごしたいか、だと思います。デート先を気にするのは恋愛の気分を楽しみたいという感じなので、デートよりも、将来の方が不安な気がします。恋愛から結婚に移りたいなら、二人でいることの大事さを分かち合うとよいのではないでしょうか。

―体験談―お金がないときのデート

［野間慎太郎］

私は双極性障害の認定を受ける前から不安定な状態で20代をまだ恋人として妻と過ごしていました。働いているときはそれこそ夢と魔法の国に行ったり好きなアーティストのライヴに何度も行ったりと、働いていたぶん、よく遊びました。しかし働いていなければ当然、お金はありませんから行きたい場所はたくさんありましたが、行くことができた場所のほうが少ないです。障害認定を受けていないので手帳の減免も福祉パス（福祉乗車証）もありません。

　その頃は実家で生活していたのですが両親が交際を公認していたこともあり、私の部屋で過ごす、いわゆる自宅デートをよくしていました。部屋で集めていた映画のDVDを観たり、妻が好きなテレビ番組を録画しておいて一緒に観たりしながらおしゃべりを楽しんでいました。小銭があるときは横浜やみなとみらいに出かけて海辺の公園でいろんなことをしゃべっていました。お互いしゃべることが好きだった（特に私が）のもあって場所はどこでもよかったですね。もちろん行きたいところに行けるのが一番ですが、一緒にいられることが大切でした。そんな状況だったので通院もデートでした。通院にかかる費用は親が負担していてくれたので一緒に行けるように妻のシフトを調整してもらい通院のあとにランチをしたりお茶をしていました。1年に何度かは両親と妻と4人で日帰り旅行に行くこともありました。そういう面では恵まれていたと思います。

私たちにとってデートは同じ空間で一緒に過ごすことなので場所はどこでもよかったのです。結婚した今でもそれは変わりません。むしろ今は手帳も福祉パスもあるので減免がある施設を訪れることが増え、以前より出かける場所が増えました。公営の施設は多くが無料で入場できたりしますし、民間施設でも半額になったりするので妻の経済的負担も減るということもあり、今までは行かなかった美術館なども訪れるようになりました。浮いたお金は交通費や食事に回せますからありがたいなと思います。幸いなことに横浜市には水族館や動物園といった1日楽しめる施設もありますし、映画館もあちこちにあります。そういった減免がある全国の施設をまとめて紹介しているサイトがあるので調べてみると意外なデートスポットが見つかるかもしれません。障害者手帳をお持ちでしたら活用することで行ける場所、できることが一気に増えると思います。だいたいの場合、同伴者も減免対象なので私たち夫婦のようにどちらかが健常者でも大丈夫ですよ。

一番、大切なのは二人でなにをしたいのかだと思っています。私たちは一緒にいられればそれでよかったのですが、全ての人がそうだとは思いません。恋愛における価値観は人それぞれですからね。公園でおにぎりを食べるだけで幸せな二人もいればレストランで食事を楽しむことが幸せな二人もいます。その価値観に大きなズレがあると長く付き合っていくことは難しいかもしれません。かといって全く同じ価値観の人を探すのも難しいと思います。考えてみてください。日本だけでも人口は約1億2000万人です。その中から一人を見つけ出すのですから簡単ではないですよね。確率的には年末ジャンボ宝くじで一等前後賞を当てるほうが高いんですよ。だからこそ正解がなくて迷って悩んでしまう気持ちはよく分かります。お金がないということで嘲笑(ちょうしょう)されることもあります。肩身が狭い思いをすることもあります。気後れしてしまうこともあるかもしれません。それでもいいよと言ってくれる人がどこかにいるとまずは信じてみませんか？　そのときに背伸びをせず今の状況を正直に伝えることから始めてみてください。そして完璧を求めるのではなく少しズレた価値観を大切にしてほしいです。少しのズレはお互いの世界を広げてお互いの理解が深まっていくと思います。そしていつかお金に余裕ができたときに二人でやりたいことや行きたい場所を考えておくことをお勧めします。

結婚という大きな目標も大切ですが、まずは小さな目標を二人で話し合って少しずつ近づいていけるような関係になっていけたら素敵だなぁと思います。そしてお互いに感謝の気持ちを忘れずにいてくださいね。

―体験談―を受けて

［蔭山正子］

障害のある方を対象とした調査によると、相対的貧困とされる122万円の「貧困線」を下回る人が81・6%にも及んでいます。* 障害年金や生活保護で暮らしている方も少なくなく、障害者手帳の割引を使えたとしても、デートの出費は負担になると思います。野間さんが言うように、背伸びをせず今の状況を正直に伝えて、それでもいいよと言ってくれる人がきっといると、私も信じたいです。お金には代えられない大切なものを障害のある人は持っていると思います。

＊きょうされん　障害のある人の地域生活実態調査の結果報告、2016、https://www.kyosaren.or.jp/wp-content/themes/kyosaren/img/page/activity/x/x_1.pdf

◉失恋すると病状が悪化しませんか？

相談

私は、以前付き合っていた人に振られました。失恋したら、病状が悪化して入院してしまいました。その経験があって、恋愛はしたいのですが、失恋するとまた病状が悪化するのではないかと心配しています。

当事者の考え

▼私の経験では、健常のときは、元彼のことだけで辛いです。ときが解決してくれることが多いです。障害の時は、元彼のことだけでなく他の人と接するだけで辛いです。ときがなかなか解決してくれません。

▼健常者でもある程度、体調を崩します。失恋してケロっとしている方はあまりいないと思うのですが。極端に言うと失恋しなければいいわけですから、今は自分をしっかり磨いて失恋のリスクを減らすことを考えてみてはいかがでしょう。

▼自分に自信がないとしても、お相手を最大限に尊重して、いつかその方と幸せになりたい、という気持ちさえあれば大丈夫だと思います。心のおもむくままに恋愛の一歩を踏み出してみましょう。うまくいけば、それに越したことはありませんが、失敗したとしても、そのときの落胆や心の傷は、きっと次への出会いの糧になるはずです。失恋はいくら重ねても、慣れるということはありません。とくに障害当事者の失恋というのは、健常者が思い測ることのできない重たさが残ります。それによる症状の悪化も考えられます。私も例外ではありません。しかし失恋は、自分を素敵な人間にしてくれるための「一つのステップ」です。

▼私にとって失恋は、人間性を否定する・されるこ

との一つです。つらい、という一言では済みません。私は、1年以上、落ち込んでいたこともあります。病気があることは人生においてつらいことではあります。しかし、これをどう乗り越えていくかを考えて、行動して、よりステキな人になっていくことが、病状悪化への防止策だと思います。

▼あなたが求めているものはなんですか。恋人ですか。結婚相手ですか。求めているものがある限りそれを追い続ける。私ならそうします。幸せの目標をあきらめないでください。何度病状が悪化してもその先にあなたの求めているものがあるのですから。

―体験談― 失恋したとき支援者にサポートしてもらった

〔根本響子〕

私は精神を患ってから失恋を2回しています。病気になってからの方がダメージが大きかったです。1回目の失恋を振り返りたいと思います。２００９年12月末、私は約3年付き合った元彼からの本気のビンタを受け、とても怖くなり、別れを切り出しました。なぜ、ビンタをされたのかというと、私の態度が悪く、不機嫌にしていたからと、愛の営みを拒んだからです。私には精神症状に動揺しやすい所があり、大きく心が別れる方向へと揺れました。ビンタ後、泣きながら元彼のアパートから私物を持ち帰り、元彼のアパートに二度と行くもんかと、思いながら実家に帰りました。その後、とても辛かったのは、元彼と偶然、街で出会って、カラオケの誘いがあったり、私に近づいてきて、耳元で聞き苦しい言葉をささやいたり、本当に別れた気がしない時期があったことです。別れて11か月後くらいに私の実家に電話がかかってきたこともありました。私は、元彼に約3年間、助けてもらっていたと、言いました。それから、今までのお礼を言いました。

ビンタ後から当時大変お世話になっていた精神科の先生に手書きで手紙を書いてその文章を診察のときに渡して読んでもらうことが毎回続きました。手紙でこんなことがありましたと、書いて、自分の傷を癒し、頭の整理をしていました。先生は、丁寧に読んでくださり、誠実に対応してくださり、そのことで、だいぶ救われた気がしました。その当時の私は、近場にしか外出できなかったり、一人の時間が増えたことによる不安がありました。そんな状況も理解していた先生に大変助けられました。同様に当時の作業療法士さんには、月1回面談をしてくださり、安心した気持ちになれたのを思い出します。

［おげんさん］

—体験談— 失恋がきっかけで発病

私の一生で一番の出会いでした。パチンコ屋でバイトをしていたときに友達と二人で打ちにきたのが始まりです。そこから毎日、パチンコを打ちに来るようになり初めて声をかけられたのが「焼きそば食べに行かへん?」だったのです。それには答えず別の日になり、「早番で出てくれんか?」と言われ、早番で出たら、その人が一人でパチンコ打ちにきて電話番号を書いた紙を渡してきてくれたのが、きっかけになります。

そこから毎日、バイト終わると電話するようになって会ってるうちに、好きになっていって好きになりすぎてワガママ言いたい放題になってしまいました。たとえば「遊園地でナイターやってんや」って言ったら、「お前の仕事の休みのときに連れて行ったる」とか言われたり、たまに嬉しくなるようなことを言ってくれたり。すぐ泣いちゃうので、私のワガママを聞いてくれる優しい人でした。ところが、私のワガママが原因で別れることになってしまいました。

振られて、「彼氏と一緒におれんくなるんやったら、死んだ方がマシや」と死ぬことしか考えられませでした。死ぬことしか頭になかったため、リストカットに走りました。夜、寝れなくなり、丸一日起きて、次の日に目をつぶったら眠れるということを繰り返していました。別れて一人はさびしいから嫌ということもあり、誰でもいいから近くにいてほしくて何人かと付き合ってみたけどダメでした。彼のことを考えて、気分が落ちたときにリストカットに走ってしまいます。一時期治まって、またリストカットしての繰り返しでした。振られてから2~3か月経った頃、クリニックを受診し、うつ病と診断されました。あれから20年経ち、今も通院して服薬しています。最近は親しい人がうつ病を気にせず接してくれるため、少しずつよくなっているような気がします。

―体験談―を受けて

［蔭山正子］

お二人の体験談を読み、失恋のダメージは、発病してからの方が大きく、また、発病のきっかけにもなるほどのダメージになり得るということが分かりました。根本響子さんの体験談は、失恋というよりも、別れがうまくいかなかったことや、相手からのデートDVによるトラウマの方が深刻だったように思いました。そして、支援者のサポートの重要性を理解しました。一方、おげんさんの体験からは、失恋したら、うつ病を発病するということではなく、うつ病発症には様々なストレスが関係しているのですが、おげんさんの場合はそれが失恋だったということだと思います。おげんさんは、相手に依存していたために心に痛手を負ったようにも捉えられました。恋愛は制御不能な側面もありますが、相手に依存しすぎず、自律した自分を保つことは、病状安定という点においても重要なのではないかと思いました。

◉当事者である子どもが恋愛すると、病状が悪化するのではないかと心配です《親のお悩み》

相談

私には、精神障害のある娘がいます。最近、男性から連絡がある様子で、恋愛に発展するかもしれません。以前、恋愛して病状が悪化したことがあります。恋愛するとまた病状が悪化してしまうのではないかと心配しています。

当事者の考え

▼私も障害がありますので、恋愛をしたら、感情が揺れ動き、それによって不眠になったり、精神的に不安定になったことはあります。心配なお気持ちは分かりますが、娘さんがどうしたいかを大事にしてあげてほしいと個人的に思います。病状が悪化しないようなセルフケアを娘さんと一緒に考えるというのもよいかもしれません。

▼私は、恋愛して病状が安定しました。病状が悪化する人もいますが、悪化することばかりに目を向けて恋愛を禁じる方が娘さんの人生にとってはマイナスになるような気がします。もっとポジティブに捉えてもよいと思います。

▼私は恋愛をして体調がよくなりました。デートに行きたいから生活リズムや身だしなみを整えたりすることで今までより活動できる時間も長くなったし行ける場所も増えました。

―体験談― 恋愛を応援できる人間に成長

［母、岡田久実子］

娘は22歳で統合失調症を発症しました。ちょうど年頃でしたから、お付き合いしている方はいたのですが、ただでさえ病状が思わしくないなかで、交際相手の言葉一つに一喜一憂する娘を見ながら、親である私は生きた心地がしませんでした。娘と交際相手との間に金銭問題が発覚したときには、「これ以上、娘に精神的な混乱を与えるようなことがあれば、私はあなたを許しません」などと、脅迫とも思える内容の手紙を相手に送りつけたことさえありました。とにかく、病状に悪い影響を与えることから遠ざけたい、それが娘にとっては最善の対応だと信じて疑いませんでした。病気になる前には見せたことがない姿……何気ない言葉一つに反応して激昂し、この世のものとも思えない泣き叫び声を上げ続ける……このような我が子の姿を目の当たりにした体験は、その後の我が子の人生を思い描くことを妨げてしまいます。当事者が人として満足できる人生を歩むことを考える前に、二度とこのような状態に戻って欲しくないという病気への恐れや嫌悪が先立ってしまうのです。このような思いが継続していくと、いつの間にか無意識のうちに、または、よかれと思って、我が子の人生をコントロールするようになっていきます。こんな大変な病気を抱えて生きるのは容易なことではない、私が守ってあげなければという気持ちが強くなり、本人の気持ちや意思は二の次になってしまうことになります。このような中にあって、感情の揺れ動く恋愛問題は、親である私にとってはとても悩ましい問題でした。

それでも、激しい病状が落ち着いてからは、少しずつ冷静に考えられるようになっていきました。たとえ精神疾患になっても、その症状からの生活のしづらさがあったとしても、人として他者を求める気持ちがあるということは、病気に冒されていない健康な精神の働きがあるからだということを、時間をかけながら理解できるようになりました。また、精神疾患があっても、精神障害といわれる状態であっても、娘には一人の人として自分なりの人生を歩む権利があるということを、思い出すことができるようになりました。

そのような心境に変化していったのは、なぜでしょうか。その理由は一つではないし、そう簡単なことではなかったと思います。精神の病気を正しく理当たり前に体験すること。それを、精神の病気を理由に、親だからとコントロールしようとしていたかつての自分を、恥ずかしいと今は思います。けれども、大切な我が子の精神疾患罹患という体験は、親から冷静な判断をも奪うような衝撃的な体験であることは確かです。人が人を好きになるということは、本当に素敵なことです。でも、それは楽しい嬉しいことばかりではなく、ときに、苦しい悲しい体験になることがあります。でも、それを精神疾患や精神障害のせいにすることなく、自分自身の人生に起きた出来事として受け止め、人として成長するステップにできたら、より豊かで充実した「生きる」につながっていくのではないかと思うのです。大いに恋愛し、大いに喜び、ときには大いに傷つきながらも、生きることをあきらめないで……と応援できる人間に、娘のおかげで成長できてよかったと思います。

一体験談一を受けて　[蔭山正子]

解できるように学習したり、同じような立場の家族と出会って語り合ったりしながら、「家族とは」「親子関係とは」「人として育つとは」「人にとって幸せとは」……など、病気以外の様々な「生きる」について考える時間が必要でした。結局、親である私が望んでいることは、娘に幸せな人生を歩んでもらいたいだけだということにたどり着きました。そして本人にとって幸せな人生とはなんだろうと考えたときに、一番大切なことは「自分の人生を生きる」ことではないかと思いました。病気や障害があったとしても、人から与えられた環境に甘んじることや人の言いなりになって生きることなどではなく、辛いことも苦しいことも、そして迷うこともあるかもしれないけれど、自分自身で悩み、考え、選び、苦しみながらも自分の力で生きていくこと……そのことを応援するのが親の役割だと気づくことができました。そして、恋愛は人が人として生きていく中で、岡田さんは、精神障害者の家族会の活動を熱心にされており、仲間をとても大切にされている方です。また、多くの場でご自身の体験や考えを語り、影響を与えていらっしゃいます。私が尊敬する家族の一人であり、私を育ててくれた家族の一人でもあります。

岡田さんを含めた、家族会の方との懇親会で、ある方が、「うちの娘は異性に関心がない」と話されました。その方も素晴らしい方なのですが、その発言には疑問が生じました。岡田さんの体験にもあるように、大切な子どもが精神疾患を患うという過酷な体験は、親にとってもトラウマになるほど深く心に刻まれると言われます。そのため、病状が悪化するかもしれない恋愛を避けようとする心理が無意識に働くことは仕方がないことだと思います。しかし、当事者の反応は違います。恋愛や結婚に親が口出しすることは、たとえ病気があっても止めてほしいと強く思っているようです。

親も支援者も、病状悪化のリスクになる恋愛を避けたいという気持ちが先に立ちます。それは「パターナリズム」という、強い立場の者が弱い立場にある者のために、介入したり、干渉したりすることであり、倫理的な問題でもあります。本人がリスクも考えた上で、自分の生き方を選択するということは、誰にとっても大切なことだと思います。分かりきっていることではありますが、私も含めて、ついつい保護的になってしまう周囲の人は、そのことに意識的になる必要があるということだと思います。

COLUMN 恋愛にはバランスが大事

【とある精神科ドクター】

ケースバイケースであることが前提になりますが、私は患者さんの恋愛は応援しています。

たとえば過去に何度も同じような相手と恋に落ちて同じような失恋を繰り返して悪化していたら、それは生活における優先順位を入れ替えるように伝えることはあります。

逆に恋愛が持つ力がいかに強いかを知っているので、そのことでいい方向に行くのであれば主治医としては応援します。医療以外での部分では日常生活の充実が大切だと思いますからね。私は医者ですので診察室以外の場所で会うことはできませんから、それ以外の時間をどう過ごすのか、どんなことが起きているのかは分かりません。ですから日常生活をどう楽しく過ごすかという点では患者さんご自身で決めていくのが大切だと思っています。

そこで大切にしてほしいのはバランスです。恋愛、仕事、余暇といった様々なことから日常生活は成り立っています。そのうちのどこか一つに偏ってしまうと他のことにも支障が出てしまいます。みなさんにはバランスということを意識して楽しい人生を送ってほしいと思っています。

恋愛すること自体はとても大切だと思っていますよ。

◉常に誰かと恋愛しないと不安です

相談

私は、統合失調症ですが、常に誰かと恋愛したくなります。恋愛依存症なのではないかと思うことがあります。

当事者の考え

▼常に誰かと恋愛したい、それもいいと思います。

私もそんな時期がありました。恋愛をしていると元気になるんですよね。毎日が楽しくなって。ただ、私はすごく疲れたので止めました。恋愛ってエネルギー消費も激しいみたいなので。傷つく頻度も増えました。また恋愛優先になることで友人関係がおろそかになり気づいたら周りに誰もいなくなる可能性もありますし、恋愛相手がよく変わる人はあまりいい印象を持ってもらえないこともあります。いつまでも恋愛気分を続けられるパートナーが見つけられたら理想的ですね。

▼常に恋愛を必要としているあなたは、実は孤独から逃げようとしているのかもしれませんね。自分に素直なことはとてもいいことです。でも自由とはわがままでいいということではありません。実はあなたは本当の愛の形が分かっていないのかもしれません。

▼私もそうです。日本人ならではの「尻軽女だ」「誰とでもする」みたいな見方はひどく古くて、封建的。いまどき不倫・浮気を重ねている健常者も死ぬほどいます。それに恋愛は、あなたの恋愛感覚だけでなく、自分の気持ちをも磨いてくれるモノです。でも必ず気をつけるべきことは、「女性なら避妊は絶対」です。

―体験談―自称〝恋愛依存〟

〔松田優二〕

僕の場合「恋愛とは同棲」だった。55歳の今日まで何十回同棲したか分からない。20歳から52歳まで、ほとんど途切れることなく、同棲か結婚をしていた。24時間365日好きな人と一緒にいたいタイプなのだ。しかし、同棲は長続きせず、数字（同棲の回数）だけが増えていった。同棲の終結は、躁状態のときに訪れ、いつも一目惚れで他に好きな人ができた。もちろん相手は誰でもいいのではない。合コン、ナンパ、友達の紹介などだった。

僕は生まれて4回刺されそうになったことがある。1度目は17歳のときにチンピラに刺された。同棲した女の子たちには1度刺され、2度刺されそうになった。3度目に刺されそうになった女の子は、僕より20歳年下の女の子だった。彼女は統合失調症でアルコール乱用の僕の3度目の奥さんだった人だ。しかし、僕の場合は、危険、トラブルがあっても二人でいたいのだ。刺されそうになっても次の朝は、ケロッとしたものだった。朝シャワーも二人で浴び、そのまま愛し合った。

僕は、双極性障害で、うつ状態の時は、彼女がいないとなに一つできない。15年前40歳の時に同棲していた彼女は、躁状態の僕とうつ状態の僕をすべて知っている。後日聞いた話によると、僕がうつ状態のときは、ひげ剃り、歯磨き、お風呂、爪切りなどの全てをやってもらい、なんとか生きていたそうだ。僕の世話をしてくれた彼女もうつ病だった。彼女が睡眠薬をあるだけすべて飲んでしまったときは、僕が救急車を呼んだ。そんな病気を抱えた者どうしの恋愛だった。

恋愛依存が僕にとって症状なのか、性格なのか、いまだに分からない。女性が変わるタイミングでは、確実に躁状態で服薬は自己中断していた。1度目の結婚は10年間続いたが、躁状態のときに家出した。戻らなかったのは、転がり込んだ友達のマンションの近くの行きつけのバーで、運命の出会いがあったからだ。ドアが開いて一人の美女が入ってきた。「ヤバい」と思った。もろタイプだった。心に病を持った哀しそうな綺麗な人だった。そのように女性がころころと変わっていた。

僕の性格は、異常なほど淋しがり屋で女好き。元カノたちに聞くと、みんな口を揃えて淋しがりの恋愛依存だと言う。思い起こせば、自分は小さいときから、親に東大に行くようにとスパルタ教育を受けた。満点以外は零点と同じだと言われ、満点をとらないと、殴られた。幼少期の虐待が僕の寂しさの根本なのかも知れないと思う。

今も変わらず、恋愛依存は治ってない。だから52歳で3番目の妻と別れてからの3年間は地獄だ。恋愛依存とはこれからも死ぬまで仲よく付き合うしかないと思っている。

最後に、1秒でも早く最期の素敵な彼女ができますように。女性は僕の人生そのものだから。

一体験談一を受けて　［蔭山正子］

双極性障害の躁状態のときに性的逸脱行為が症状として出現することは知られています。優二さんも双極性障害です。原稿をもらった当初は、「躁状態のときに他に好きな人ができるなんて、捨てられる方の身になってよ！　とんでもない、迷惑な人」と私は思っていました。ところが、いろいろと話を聞くうちに「とんでもない、迷惑な人」ではないことが分かりました。優二さんは、自称、恋愛依存ですが、女性なら誰でもよいというわけではなく、恋に落ちるということがないと始まらないようです。実は、女性にも誠実な人なのだと今は思っています。

依存症とは、「身体的・精神的・社会的に、自分の不利益や不都合となっているにもかかわらず、それをやめられずに反復し続けている状態」[**]であり、アルコール依存症やギャンブル依存症だけでなく、人間関係への依存があり、恋愛依存症も含まれます。依存症の方は、ストレスをうまく発散できなかったり、人に頼ることが苦手で、抱え込んでしまう方が多いと思います。松田さんが恋愛依存症かどうかは分かりませんが、恋愛なしの人生は考えられないような方です。私に人生を豊かに生きていると思わせてくれた当事者の一人です。

＊＊松下年子「アディクション看護の本質」松下年子・日下修一編『アディクション看護学』メヂカルフレンド社、72～73頁、2011

◉恋愛トラブルが多くて困っています《スタッフのお悩み》

相談

私は、精神科デイケアで働いている職員です。デイケアには多くの利用者が通所されていますが、利用者同士が恋愛をするといろいろとトラブルが発生します。トラブルがこじれてしまうと、病状が悪化する人も出てくるため、困っています。

当事者・支援者の考え

▼私も以前精神科デイケアを利用していました。デイケアはなにをする場なのでしょうか？　病状を安定させるためだけの場所ではないはずです。デイケアに参加している人はそこが人生の中心になります。そこで人間らしくふるまうことを許してほしいです。デイケアが人間としてのふるまいを勉強するところでもあってほしいと思います。いろんな経験がその人の成長の糧だと思えるといいですね。

▼私も支援者です。支援者としては、利用者がデイケアに気持ちよく通うことができ、生活に慣れてほしいと思っている段階で、利用者同士の恋愛トラブルが発生すると、正直困ってしまうという気持ちは分かります。恋愛を特定の人の問題にせず、みんなで一度話し合ってみるといいかもしれません。距離の取り方や節度などを考える機会になるのではないでしょうか。

▼利用者が恋愛を求めだしたということは明らかにステップアップしているわけで治療以外のものを求めているのは明白です。それならば職員は次のステップの場を用意しなければならないとも言えるのではないでしょうか。その次の場所に移行できていないのは利用者側ではなくサービスを提供する側の問題だという捉え方もできます。職員もリカバリーの手伝いができると私たち利用者も助かります。

〔田村千秋〕

―体験談― 当事者の恋愛を応援してほしい

私が約10年間通った病院の精神科デイケアは、女性の精神保健福祉士のスタッフさん一人で運営していました。その方はとても有能で、お仕事がよくできました。けれどデイケアの運営の仕方は私たちメンバーにとって愛情の感じられるものではありませんでした。

私たちメンバーは1日のうち、午前か午後のどちらかのデイケアしか参加できませんでした。うろ覚えですが、1週間のうち、3日しかデイケアに参加できませんでした。デイケアに行けない日に私はよく抑うつ状態になっていました。

デイケアでは、私たちメンバー同士の連絡先の交換も禁止されていました。「デイケア以外で友達をつくってください」と言われていました。もちろんデイケア内での恋愛も禁止で「デイケア以外で恋愛をしてください」と言われていました。デイケアのスタッフさんは、お仕事は全てビジネスライクにバッサリ、バッサリ、無駄と思われているらしいことを省いていくような方でしたので、利用者さん同士の私的な交流や恋愛も「やっかいだ」と思っているのだろうな、と思っていました。けれど私たちメンバーはデイケアに参加することが精一杯で視野が狭くなっており、どうやってデイケア以外の場所で友達をつくったり恋愛をしたりすればいいか、さっぱり分かりませんでした。そのスタッフさんが指標を全く与えてくれなかったからです。

私が恋愛をしたのはデイケアに約10年通ったあと、地域活動支援センターと作業所が一緒だった利用者さんとでした。その地域活動支援センターでは、アドレス交換、電話番号交換は、なんとなく許されていました（禁止ではありませんでした）。この方にふられたときは大変でした。私がふられた彼と顔を合わせるのが辛く、泣けてきてしまって、精神的に不安定になってしまったので、作業所の直属の上司に素直に全ての事情を話しました。そして同じ所長さんの経営する別の作業所に移させていただきました。作業所の所長さんやスタッフさんたちにはとても迷惑をかけてしまい、大変申し訳なかったと思っています。それでも恋愛をしたことは大切な経験になっています。

私たち心の病の人間も、人間であることには変わりありません。ですから友達をつくったり恋愛をしたりすることはとても自然なことですから、許されていいことだと思います。支援者の人には「ちょっとだけ、当事者の友達づくり、当事者の恋愛を応援する心」があってもいいのではないかと思います。

今、振り返ると当時のデイケアのスタッフさんがもうひと手間かけて、どうしたら私たちメンバーが、デイケアの外で友達をつくったり恋愛をしたりすればいいのかが分かるような情報をくれればよかったのに、と思います。私たちメンバーの中にはインターネットが使えない人、元気がなくなってしまってインターネットを使う気になれない人もいたわけですから。「セルフヘルプグループ」「ピアの集まり」「当事者会」などの友達をつくる場、「めんちゃれ」のような恋愛のきっかけをつくる場などの情報をくれればよかったのに、と思います。そうすれば私たちは「セルフヘルプグループ」「ピアの集まり」「当事者会」などで友達をつくり、そこから恋愛関係まで発展させることもできたかもしれません。「めんちゃれ」などで、恋愛相手を見つけることもできたかもしれません。デイケアなどで恋愛禁止にするなら、せめて出会いの場を紹介してもらいたいと思います。

〔野間慎太郎〕

—体験談— ピアスタッフから見た利用者同士の恋愛

私は以前、横浜市にある支援センターでピアスタッフとして働いていたことがあります。その経験から少しお話をさせてください。

率直に言うと恋愛に対して否定的な支援者は多いと思います。やはり関係性がいいときは状態も安定するので見守っていますが、どこかで破綻したときのことを考えています。それは関係性の悪化が体調の悪化に直結している部分があるので仕方がないと思ってください。

あくまで支援者としての立場だけで言えばリカバリー優先にしてもらいたいというのが正直なところです。やっと退院して地域生活に慣れてきたのに失恋がきっかけで入院となると支援が一からやり直しになってしまいます。当然、社会復帰も遠のいてしまうので支援そのものを見直さなければなりません。そうなると関係機関も含めてたくさんの人たちが関わっているだけに時間と労力が足りなくなってしまいます。支援者はなんとしてもそれを避けたいので、当事者の恋愛に関して否定的であったり消極的であったりするんだと思っています。また施設の開所時間でしか対応できないのでケア自体が難しいということもあり、できるだけ安定した生活をしてほしいという思いもあります。つまり支援者は利用者が安定した生活を送ることを大切にしているので不安定な要素、特に恋愛や人間関係について慎重になってしまうのは仕方がない部分でもあることをお伝えします。

ただ、私はそのことに疑問を抱いています。社会生活を送るようになれば恋愛は自然に起こりうることです。利用者の生活を支援するのであれば恋愛の支援も必要だと思うのです。

私が働いていたときの話をすると、横浜市内にある障害者手帳を利用したお金のかからないデートスポットを把握していたので利用者に教えていたりしました。「○○はバスと地下鉄で行けば入館料が無料ですよ」なんて情報はもちろん、百貨店やイベントホールなどで行ういろいろな展覧会なども無料になることが多いので利用者に個別でお伝えしたりしていました。そうして浮いたお金で食べられるオススメのスイーツなどもお伝えしていました。お金はやはり大切です。かといって節約しすぎて失恋に至るのは悲しすぎます。ですから使い方は考えてもらい、その中で最大限に楽しめるような時間を過ごしてほしいと思ってお伝えしていました。

私は結婚指輪をしているので利用者の方から恋愛や結婚について聞かれることもたくさんありました。それらのことについて私は職場のルールを守りつつ、できるだけお伝えしてきました。

「別れようと思ったことありますか?」と聞かれたときは「ありますよ」とお伝えしつつ踏みとどまった理由も一緒にお伝えしました。デートはどこに行くのか、結婚生活はどうか、子どもをつくらない理由、夫婦げんかのおさめ方など一通り聞かれては答えていました。ピアスタッフだからというのもありましたが、恋愛については障害者であることはあまり関係がないと思っているので、できるだけ伝えてきました。

大きな理由のもう一つに他の支援者が答えないからというのもありました。たぶん聞きにくいのだと思います。恋愛に否定的な支援者ならばなおさらです。「恋愛もいいけど生活リズムを整えるのが先」のような小言を言われるのは嫌ですよね。「恋人とうまく付き合うために生活リズムを整えましょう」なんて言ってくれたらもっと前向きにいろんなことに取り組めるのになぁと私は思っています。

失恋したら傷つくのは当たり前です。そのことで健常者よりも傷が深くなることもあると思います。だからといって恋愛を否定するのは人としての要素を否定していると思います。私は精神障害者ですが人生を満喫したいといつも思っています。その上で恋愛はとても大切です。一番、大切にしています。だから利用者の恋愛も応援してきました。

考えてみてください。就労や自立生活の支援はあるのに恋愛の支援はありません。つまり障害者福祉には恋愛の概念がないのです。ということは支援者も素人なのです。もし支援者が真剣に恋愛相談に応じる場合は「個人の経験」としての話になるので避けてしまうことも理解してください。経験を語ることが禁じられている場合もありますからね。支援者にもルールがあります。ときに歯がゆいこともあります。人としては応援したい。規則として応援できない。

そんなジレンマを抱えながら密かに応援している支援者も必ずいることを心のどこかに留めておいてください。

［精神保健福祉士、小堀真吾］

一体験談一　当世作業所恋愛事情

一つ屋根の下、老若男女が集まれば恋は必然。年齢を超え、性別を超えて、さまざまな恋愛の形を私はつぶさに見てきました。

恋愛は人を変える。よくも悪くも。残念なのは、周りが見えなくなってしまうこと。真面目なあなたも、友達思いで気配り、目配りができるあなたも、恋に落ちると恋人しか見えなくなってしまう。作業所に来ても、話すのは恋人だけ。行きも、帰りも、仕事も、食事も一緒。そうやって変わり果ててしまった人たちを、私は何人も見てきました。

だから「作業所内恋愛禁止!」にしたこともあります。職員会議で何度も何度も議論を重ね、辿り着いた苦渋の決断。でも、長続きしませんでした。だって、人を愛する心は止められませんし、恋愛はマイナスよりもプラス効果の方がずっと大きいのですから。

福祉作業所の仕事とはなにか。それは、利用者がイキイキと生きられる場所を提供することです。それなのに、一人ひとりの利用者に寄り添い、親身になればなるほど、なぜか遠のくイキイキ感。支援する側、される側という関係が強まり、うなだれて申し訳なさそうな利用者と、感謝されて得意げな支援者。これじゃないんだよな。こういうことじゃないんだよ。支援って。

そんな時に恋愛。成就しても、失恋しても、片思いでも、純愛でも、偏愛でも、エネルギーの熱量が尋常じゃない。なんなんだこれは。すごいじゃないか。実に感情豊かで、ふり幅、ゆれ幅があって、これこそまさに「イキイキと生きる」だ! もっとこのパワーを使おう!

そんなきっかけで始まったYPS名物恋愛企画「今夜は恋愛」。参加者の恋の話は止まらない。思いのたけを語りだす。

苦しい恋の悩み、片思いの余韻、好きって意味がわからない、見栄っ張りの自慢、俺はこんなにモテるんだぜ、ふってふってふりまくってきた私、失恋からの発病、発病してからの恋愛、誰にも言えない性のこと、誰かに言いたい性のこと、笑って話せる失敗の記憶……。内容は人それぞれですが、話しているうちに、聞いているうちに、だれもがイキイキしてきます。

「なぜYPSで恋愛企画なのか?」。よく聞かれます。「おふざけか?」と思われることもあります。「お祭り騒ぎだけのYPS」。そんなそしりも受けがちですが、恋愛の、根源から湧き出る熱量への揺るぎない信念のもとに、私たちは今日も、恋愛にうつつを抜かすぞ!!

一体験談一を受けて

［蔭山正子］

当事者の田村さん、ピアスタッフの野間さん、職員の小堀さんの体験談を読むと、精神障害者の恋愛とは、諸刃の剣で、生きる活力にもなるし、一方で病気の再発やトラブルにもなりうる、とても難しい問題だということがよく分かりました。そして、恋愛の場となるデイケアや福祉事業所では、当事者は恋愛をしたいが、支援者は恋愛してトラブルを起こしてもらいたくない、そういう対立関係になりやすいということもよく分かりました。両者で折り合いをつけることは可能なのでしょうか。私は、可能だと思います。人間が動物である以上、恋愛は不可避、避けて通ることはできません。それを制限することは倫理的に問題が生じるでしょう。そうであれば、正面からオープンに取り扱うことだと思います。この本はその話題提供としても活用できるかもしれませんね。

COLUMN♡求む！ 恋愛を応援する支援者！

［野間慎太郎］

福祉サービスの一つに計画相談というものがあります。これはセルフライフプランニング（自分の人生を自分で選んで決める）という概念に基づいたサービスで、平たく言うと利用者のやりたいことをどうやって支援していくかという計画を一緒に立てていくものです。つまり利用者のニーズを最優先にしなければならないのですが、実際は支援者がリードしてつくることがあり本来の自己選択、自己決定ではないケースが増えています。本人の認知機能の低下により、そうせざるを得ない場合もありますが、ほぼ「誘導」なので支援に求められる「導き」ではないですね。

たとえば私がもっともやりたいこととして「恋愛」を挙げたとします。あなたが支援者だったらどんな計画を立てるでしょうか。本来の趣旨に沿って支援計画を立てるのであれば「恋愛」に向けて必要な状況、状態に持っていくような計画を立てるべきなのですが、残念ながら支援者の中には「恋愛」ということを二の次に捉えており、「その前に生活リズムを整えましょう」とか「まず働くのが先でしょう」というリードをして、デイケアや就労移行支援事業所や就労継続支援事業所につないで「恋愛」をぼかすパターンが多いのではないでしょうか。実際、支援計画書に目を通すと利用者のニーズが二の次になっているものを何度か見てきました。なぜなら利用者はこっそりぼやいてくるからです。「本当は○○がやりたいんだけどスタッフから反対されちゃった」とか。

なぜ「恋愛」を人生における大切な目標にしてはいけないのでしょうか。「恋愛」に必要なことがなにかを伝え、そのために取り組むことはなにがあるのかというリードをする支援者が少ないのはなぜなのでしょう。健常者でも恋人ができたから就労する、家事を学ぶ、実家を出るということは珍しくありません。大切な存在ができたから頑張るというのは自然な感情です。働いていなければ、自立していなければ「恋愛してはいけない」のでしょうか？　なぜ障害があると自立と就労を最優先にしてしまうのでしょうか。個別相談の際に職場での悩み、生活での悩みを聞くのに「恋愛」だけがなぜ自己責任なのでしょうか。

確かに恋愛におけるトラブルはときに深刻なものになります。それは言うまでもありません。しかしそれは健常者も同じではないでしょうか。ある企業には失恋休暇というものがあります。これはとても合理的な配慮だと思いました。失恋することでふさぎ込んで仕事に支障が出るのであれば思い切り落ち込む日をつくることで気持ちの整理がしやすくなる、なによりも思い切りリフレッシュできると思います。真剣であればあるほど失恋によるダメージは深刻なものになります。それこそ一過性のうつになることもあります。ですからすでに精神疾患がある場合、より大きなダメージになることは十分に考えられると思います。だからこそ支援計画で失恋に対するフォロー体制も整えておく必要があるのではないでしょうか。支援者がこれをやらない理由はなんなのでしょうか。恋愛に対する公的支援が圧倒的に少ないからでしょうか。それともテキストに書いてなかったからでしょうか。講義で学ばなかったからでしょうか。

「恋愛」ほど失敗が必要なものはないかもしれません。本当に失敗の積み重ねです。失恋に至るかは別としても失敗を繰り返す中で学び、考え、行動していく。経験上、就労よりはるかに困難だと思います。「恋愛相談は友達にしてね」という言葉で片づける方もいるでしょう。

その人にどのくらい友達がいるか把握していますか？　そこまで密度の高い人間関係が存在しているか把握していますか？　もしそれを怠ったり、あるいは無意識的に使っているのであれば実に無責任な発言になります。

「恋愛は自己責任だから本人の勝手」という解釈であれば、それこそがまさに自己選択、自己決定なのですからセルフライフプランニングの原点となります。こうなってくるともはや支援者の都合に合わせた解釈となってしまうのではないでしょうか。もちろん就労規定や服務規程というものがあるために相談に乗ることができないというケースもあると思います。ではその仕組みは誰のためなのでしょうか。24時間体制にする必要もなければ必ずしもアウトリーチが必要になるわけではありません。それこそピアサポーターにお願いしてみればいいのではないでしょうか。支援者がよかれと思ってつくった計画は優しさであふれていることが多いのですが、血が通っていないことがあります。それを支援と呼んでいいのでしょうか。

「恋愛」は大きなエネルギーをはらんでいます。恋愛感情が歴史を変えてしまったことすらあります。それは見方を変えれば就労や自立よりもはるかに多くの可能性を秘めていると思いませんか？　「恋愛」に人生の目標を定めることは自然なことの一つです。そうでなければ巷にラブソングもラブストーリーもいらないと思いませんか？　本人の主訴を否定した計画相談がその人の人生を狂わせ始めているという感覚はお持ちだと思います。しかし「恋愛」は好ましく思わない。矛盾していますよね。

失恋したときに一緒に泣いてくれとか、そんなことをお願いしているわけではありません。考えてほしいのです。自分ならどんな支援をしてもらえたら嬉しいかを。精神医学が日進月歩ならば支援の形も変わってくるのではないでしょうか。これを書いている2020年、地域移行、地域包括という言葉があちこちで飛びかっています。地域に戻ってから始まる日常生活に「恋愛」も含まれるのではないでしょうか。既存の支援で手一杯。マンパワーが足りないという嘆きも私は知っています。それは痛いほどに知っています。

ならばピアサポーターを積極的に活用してほしいと思います。少なくともこの本に携わっている仲間たちはなにかしら力になることができるでしょう。包括的な支援という枠組み自体をもっと広げることができれば、もっと多くの障害者が社会に出ることが可能になるのではないでしょうか。いつか「恋愛」を支援したスタッフが利用者の結婚式に出席できるような時代になったらいいなぁと思います。

まだまだ難しい問題が山積みですが、それを変える最初の支援者になるチャンスでもあります。どうでしょう、私たちと一緒に立ち上がってみませんか？　そんな本当の勇気と愛を持った支援者が生まれることを切に願っています。

ちなみに私が障害認定を受けたのち、就労移行を利用してピアを知り、1年後に就職にこぎつけたのも、2年半働き続け退職後、ピア活動を続けられるのは妻がいるからです。妻のために頑張ることが自分の原動力となり苦しいときもありますが頑張ることができます。真剣に「恋愛」をしたからこそ、今の私がある。

そう思っています。

COLUMN 精神障害者の恋愛と結婚の本に寄せて

［安保寛明］

はじめに、医療職者としてというより安保寛明という個人として書きます。

私は恋愛と結婚も大事にしているんですけれど、それ以上に友情と愛情を大事にしています。私にとって、友情と愛情は、人と仲よく生きることや自分よりも優先する人がいることという意味に近いです。この「自分よりも優先する人がいる」というのはバランスをとるのに苦労しますけれど、人生を味わい深いものにしてくれていると感じます。

さて、恋愛と結婚というテーマを聞いた上で、自分で項目を立てて書いてみました。

1．自分の気持ちを大事にしていい？

なによりも最初に、この本の読者のみなさんに言いたいことは「自分の気持ちは大事にした方がいい」ということです。自分の気持ちを誰にでも言っていい、誰にでも行動にしていいという意味ではないのですけれど、でも自分の気持ちは大事にした方がいいです。そして、自分の気持ちのうち「あの人を好きだ」「あの人がすてきだと思う」「あの人と一緒に人生が歩めたらいいな」の気持ちもステキだと思います。

恋愛や結婚で面白いのは、相手との関係が濃厚になるので「○○なことをするなんて嫌だなあ」「△△なところが私と合わないなあ」という点が出てくるところです。ちょっとした関係だったらそれらは「自分が我慢する」という方法が使えるのですが、恋愛や結婚では「自分が我慢する」という方法は長くは使えません。どこかで我慢を爆発させることになっちゃいます。小爆発でも大爆発でもいいけれど、「それでも一緒にいる」って思うか思うことにすると、恋愛や結婚は味わい深いと思います。

2. 恋愛は遠慮してという人や場所に対してどうすればいい?

私はこれまで、医療職と患者さんという立場でたくさんの精神障害の方と話す機会がありましたし、WRAP（元気回復行動プラン）等を通じて医療職という立場ではないところでも精神障害の経験のある友人や知り合いがたくさんいます。結婚した人、再婚した人、パートナーと暮らす選択をした人、たくさんいます。その方々の全てが幸せを手に入れたわけでも不幸せというわけでもなく人それぞれですが結局のところ、恋愛や結婚はいいものだと思います。

一方で、私は恋愛や結婚について慎重になるべきという人の意見も分かります。それはどういう意味でかというと、「自分の気持ちはいつでもどこでも表現していいわけではない」からです。たとえば、私がコンビニの店員や近所の人が素敵だなと思っても、「あなたは素敵ですね」とは言いません。恋愛感情ではない単純な褒め言葉だとしても、相手は驚いて警戒する可能性があります。

さて、前振りが長くなりましたが、たとえばデイケアや病院の中では、患者同士の連絡先の交換をご遠慮くださいとしている場合があると思います。それは、交換してくださいと言われた人やその様子を見ていた人が人を警戒するようになってしまう可能性があるからです。人間関係を悪くしたくなくて、本当は苦手なのに断れない人も世の中にはたくさんいます。恋愛をしたい人としたくてもできない人がいたら、恋愛をしたくてもできない人に配慮した場である方が快適だと思います。だから、もしも病院などで連絡先の交換は控えてくださいというお願いをされたとしても、それはある程度仕方ないと思います。

ぜひ、ピアサポートグループやSSTをつくって、恋の悩みや友情の悩みなど、人間関係に関する悩みを話し合える場をつくってください。この本の制作に関わっている「めんちゃれ」もそうですけれど、恋愛に関してありのままに話せる場がある（人がいる）ことはとても重要です。

3. 苦手な人から恋愛?的な気持ちを寄せられたら……

残念ながら人の好みはそんなに都合よくできていないので、自分が苦手な人から恋愛感情かどうか分からない気持ちを寄せられることもあるかもしれません。

断るのが苦手な方は、相手にどう思われようとも、誰かに間に入ってもらって自分の気持ちを伝えましょう。断ることが苦手な人の多くは、断ることで相手が逆上することを恐れるのですが、世界中の全ての人と仲よくすることは難しいので、仕方ないとあきらめましょう。

好かれたい人に好かれるためには、好かれなくていい人に好かれるための努力をなくすことが重要です。一定の義理を果たした方がいい人間関係もあるのですが、他人だったらその義理はあまり果たさなくていいと思います。自分の気持ちに素直になりましょう。苦手な人やことが少なくなると、好きな人が見えてくるかもしれません！

◉性交渉して、妊娠したらどうしようかと不安です

相談

私は、同じ病気をもつ方と精神科デイケアで知り合い、付き合って3か月経ちます。先日、彼とキスをしたので、もうしばらくしたら性交渉を求められるのではないかと気になっています。性交渉をして妊娠したらどうしようと不安です。

当事者の考え

▼私も病気で異性関係の経験が少なく、性についてはだいぶ遅れているので、不安な気持ちはよく分かります。彼と話し合って、結婚するまで避妊はちゃんとすることにしています。不安なまま性交渉したた

ら彼もきっと嫌じゃないかなと思います。
▼私は、一人でいるのが寂しくていつも男性と付き合っています。彼に嫌われたらどうしようと、とても心配なので、これまで避妊をしてくれない人でも性交渉をしてきました。中絶したこともあります。とても悲しい過去です。今の彼は、私の体のことを気にして、ちゃんと避妊してくれます。そういう態度を見ていると、大切にしてもらっているんだなと感じます。

—体験談—望まない妊娠と性感染症を避ける

〔野間慎太郎〕

恋愛と性交渉は密接な関係があることはみなさんもご存知だと思います。ですが精神障害者の当事者で話を聞いていると、経験不足のせいか、必要な知識と意識については、残念ながら不足している方がまだまだ多いと思っています。当然ですが性交渉は生殖行為です。従ってきちんと避妊をすることがお互いにとって大切なことになります。

私に言わせると、まずコンドームの着用です。もちろん100%ではありませんが意図せぬ妊娠を回避するためには必要です。そして性感染症の予防にもつながります。本当に大切な存在であれば使わないことの方が非常識だと私は思っています。

性感染症は一人の問題ではありません。必ず相手がいます。その相手が大切であればあるほどコンドームを使ってほしいと私は思うのです。相手を大切に思って使うコンドームはあなた自身を大切にすることにつながります。快楽を求める自由を否定はしません。ただそこに一歩間違えれば破滅する自由もどこかに同居していることを意識してほしいと思います。軽率な行為が誰かを傷つける可能性を含んでいるのが性交渉です。「流れで」や「勢いで」といった言葉で片づけてよいものかどうか。よく考えてほしいと私は思っています。恋人ができたらカバンやポーチの中にコンドームを分かりにくいようにして一つ入れておくという方法もあります。私はそんな気遣いも愛だと思います。私はそんな気遣いを素敵だと思います。

「精神障害者の自分を受け入れてくれた人からの要求は拒めない」

もしそんなふうに考えているのであれば遅かれ早かれ二人は別々の人生を歩むことになるでしょう。そこに精神障害は無関係です。「人」としての問題ですから。パートナーもあなた自身も「人」であることを大切にして行動してもらいたいなと思います。

最後に私がクラミジア感染症になったときの話をします。私は19歳のとき、度重なる人間関係のトラブルで若干、ヤケになっていました。まず髪の毛を真っ青に染めて街を歩き、お姉さんをナンパして一夜限りの関係を持ちました。そして見事に感染しました。一撃です。むちゃくちゃ恥ずかしかったですね。ほんとに。しかし病院に行かなければならない。

想像してみてください。髪を真っ青に染めた若者が中高年ばかりの総合病院にある泌尿器の受付前にいる。そして診察室に入るとドクターから開口一番、「なにをしました？」と聞かれました。

「どうしました？」ではなく。

因果応報、自業自得という言葉を痛いほど実感した辛いひとときでした。そんな目に遭ってほしくないなと心から思います。

きちんと知ること。きちんと守ること。もしものときはきちんと治すこと。

大切なパートナーと愛おしい時間を過ごすのに必要なこと、守ることだと思っています。

一体験談一を受けて

[蔭山正子]

精神疾患を患うと、性の話をする機会があまりないようです。当事者会に行っても、薬のことだとか、病気にまつわる話が多いと聞きます。それは、恋愛から遠ざかっている当事者への配慮や、薬の副作用による性機能障害などがあるからかもしれません。野間さんが書かれているように、性感染症や望まない妊娠を防ぐことは、相手を大切にすることです。また、性行為の強要は性暴力になります。性にまつわる話は、第Ⅳ部に座談会形式で出てきますので、詳しくはそちらをご覧ください。

状況別

◉性的マイノリティですが恋愛できるでしょうか？

相談

自分は統合失調症当事者であり、ＬＧＢＴ当事者でもあります。ＬＧＢＴとは、レズビアン、ゲイ、バイセクシャル、トランスジェンダーの頭文字で、性的マイノリティのことです。恋愛や結婚については、統合失調症よりもＬＧＢＴのほうが気になっていて、相手にどう受け入れられるのかいつも不安に思っています。私は恋愛できるのでしょうか。

当事者の考え

▼ＬＧＢＴだと偏見を持たれるということは、この小さき日本のあいだではまだあるかもしれません。しかし、私は友達は去らないと思います。家族も、最後には肯定してくれると思います。恋愛は自由です、相手を好きになる感情も自由です。相手の方が肯定して頂けるのならば、恋愛はできると思います。

▼相手を見つけるという点で言うと少し大変だとは思いますが、性的マイノリティであることは恋愛においては関係ないと思います。あらゆることに言えますが根本的には人間性の問題ですからね。とはいえ

苦労することは増えてしまうんだろうなぁと思います。もし私が好きになった人からLGBTであることを告白されたら戸惑いますから。そのときにきちんと説明をしてほしいとは思うでしょう。私が恋愛トラブルでよく耳にするのが深刻な問題なのに説明が雑すぎるというようなものです。精神疾患でもそうなのですが説明を端折ったり自己理解が浅いと相手には伝わりません。そしてその伝わっていない部分を相手が知ったとき「隠していた」とか「嘘をついていた」というような感情になってしまいがちです。

▼私は統合失調症の当事者です。当事者だからって一人の人間なんだから誰でも、恋愛、結婚をする権利があると思います。だから、みなさんどんどん恋愛していきましょう。そして、結婚して幸せになってください。自分が好きになった相手が、たとえ性別が一致してなかったとしても、自分が好きになったのだから、それなりの責任があると思います。だから、まずはあなたのことを受け入れてくれる人と出会えたらよいですね。

▼世界では認められつつあるLGBTや性同一性障害ではありますが、やはり日本ではまだまだ弊害や、偏見などがあるのは避けられません。ですが、性的マイノリティの前に、一人の人間です。人を好きになるのも自由ですし、恋愛の感情を持つのも自由だと思います。相手に一人の人間として認めて頂ければ、凄く自分自身にも自信は持てますし、人として素晴らしくなると思います。そしたら、相手を見つけて恋愛するだけです。私自身もLGBTであり、性同一性障害なので、お互いに自信を持って人生楽しみましょうね。

〔広瀬玄武〕

一体験談一恋愛、結婚は、人生そのもの

僕の場合ですが、性同一性障害（Gender Identity Disorder）のFTM（身体的には女性で男性の心をもつ

人）で、LGBTなのですが、少しだけ、幼少期から中学卒業までのお話をさせてください。

僕は、両親、姉兄から、ずっと暴力を受けて生きてきました。何度も殺されそうになったし、父親は浮気をしていて、たまに帰ってきては、寝てるのに殴られ蹴られての繰り返しで、穏やかな家族とか、結婚にすごく憧れていました。

僕自身一番最初に好きになった人は、女性です。そのとき父親が「どんな相手を好きになろうと構わない。好きにしなさい」と言ってくれました。それまで何度も、人格否定され、生きてることさえも、拒否された僕が、その言葉を言われたときは衝撃的でした。ある意味、女にだらしなかった人がその言葉を言ったので、凄くびっくりした覚えがあり、今でも忘れません。

中学卒業してからですから15歳の頃から歳をごまかし水商売で働いてました。もちろん男として。女性のお客さんに「付き合ってください」と言われることが多く8人くらい付き合いました。初めは好きじゃなく付き合っていくうちに好きになる傾向がありました。そして18歳になって本当に好きな人ができました。当時、彼女は結婚していて告白するたびに相手も僕のことを好きになってくれて彼女は離婚の道を歩むことになりました。それから順調に恋愛して相手の家に僕が一緒に住むことになりました。もちろん結婚（養子縁組）をしました。子どももいたので子どもの世話をしながらの恋愛でした。恋愛相手の彼女の親も認めてくれて人生初の大恋愛だったと思います。

そのときから僕は統合失調症を患っていたと思うのですが、精神科に連れて行かれても薬も飲まず捨てていました。彼女はうつ病で精神科を受診していて今思えば、当事者同士の恋愛だったと思います。その大恋愛も突如、終わりを迎えました。デートの約束をして、携帯電話を渡してあったのですが、電話が鳴り「愛してる」と言われ、彼女は投身自殺したのです。目の前に落ちてきて放心状態になってしまい、救急隊の方に「大丈夫ですか？」と言われましたが放心状態になりました。

そのときに自分自身の全てだと思っていた彼女が

自殺をして、生きてる価値もないと思い現実は今でも受け止められないし、かといって後追い自殺することもできずに今を生きています。今、思えば、もっと彼女になにかできたんじゃないかとか思っていて、そしたら今も彼女は投身自殺なんかせず生きていたんじゃないかと何度も考えます。彼女が亡くなったあと、子どもが中学生と小学生だったので、養育費を18歳になるまで払い続けました。それは養子縁組した僕の当然の責任だと思っていました。

あれから20数年間、彼女を絶対に忘れることはなく、その彼女を超える人とは出会うことはないと思って生きてきました。最近になって、ある方と出会い、その方は辛かった思い出を子どもたちのためにもいい思い出にしようと言ってくれて、トラウマを少しずつ取り除こうと一緒に努力しています。また、いつも「居なくならないから大丈夫！」と安心させてくれます。

その言葉を信じて生きていきたいと思います。

COLUMN

ＬＧＢＴの人を温かく見守ってください

［広瀬玄武］

僕はＬＧＢＴです。ＬＧＢＴの、意味は、レズビアン、ゲイ、バイセクシャル、トランスジェンダーです。トランスジェンダーは、性同一性障害（gender identity disorder）略してＧＩＤと言います。性同一性障害の治療は、一般に、精神療法、内分泌療法（ホルモン療法）、外科的治療の3段階を順に進めます。外科手術に進んだ場合でも精神療法や内分泌療法を継続します。トランスジェンダーにも、2種類の人がいて、心の性別に合わせるために手術する人、手術を望まない人がいます。日本では手術費用が高いので、海外で性適合手術を受ける方もたくさんいます。僕の場合ホストをしていた時代、性適合手術を受けるチャンスが金銭的にはありました。ですが一か月の休みは与えられないというオーナーの言葉があり断念しました。だからじゃないけれど、すごく後悔しています。

性適合手術を受けて、性別を身体の性別に合わせれば結婚は可能です。性適合手術を受けてない場合、体は心の性別とは合っていないわけですから養子縁組となります。それを結婚と呼ばない人もいます。でも、本人たちは真剣に結婚しているんです。もし、そういう家族がいたら否定せず簡単じゃないかもしれないけど祝福してあげてください。

性適合手術を受けてなくて、子どもがほしい場合、心が男で、身体が女の場合、体外受精して、子どもを産むケースもあります。そのときには、戸籍の母親の欄に自身の名前が載ってしまうわけですが、それでも子どもが産みたいと妊娠を望む方も多くいます。

名前を変えるのも簡単ではありません。最低でも変えたい名前で5年間以上使ってないと裁判所で許可がおりません。公共料金の領収書や、手紙、なんでも変えたい名前で書いてあるものは保管してそれらを添付して、必要書類として出します。

ＬＧＢＴの生きづらさはあります。それは、ＬＧＢＴを理解してもらうまで、すごく難しいです。「しょせんは女だろ」とか、理解のない人は簡単に言います。そのたびに相手を憎み、本当の男性をすごく羨ましく思います。自身の中で葛藤もありました。

僕自身が18歳くらいのときと今の18歳くらいのＬＧＢＴでは年齢的にも理解度にもズレがあります。8年前くらいにブログをやってて若い世代のＬＧＢＴと知り合うことがあり、議論になりました。若い世代は生きづらさを感じてないこと、僕自身は生きづらさを感じていることで話にズレが生じたのです。僕の同世代は生きづらさを感じていました。なんにせよＬＧＢＴを理解してもらうのは時間がかかります。

男とか女とかＬＧＢＴとか性同一性障害である前に、僕自身の考えは「人として見て欲しい」と言う願いはあります。自分とは違う人間を淘汰（とうた）する方々の気持ちも分からなくはないですけど、できれば僕は、そんな淘汰する人間にはなりたくないです。人を愛するとか好きになる感情は自由だと思っています。相手に愛されたり好きになってもらえるかと言うとそうでもない場合は多いけれど、諦めずに、恋を楽しみたいと思ってます。

僕自身、FTM（心が男で身体が女）として生きてきて、ずっと恋愛の相手が女性と思っていました。今まで、ずっと女性としか付き合ったこともなかったですし、男性は友達にはなりますが恋愛対象になったこともありませんでした。この本を書いていく内に、ある人と出会ったのですが、その方の人として素敵な部分、性格など含めて大切な男性が恋愛対象になりました。

今回以上の方とは出会えないと僕自身思っています。性を越えた恋愛ってあるんだなと気づいたのも驚きではあります。

恋愛も好きになるのも自由だと思います。

みなさん、素敵な出会いがあるといいですね。

―体験談―を受けて　［蔭山正子］

LGBTとされる人は、人口の8~10%とされ、10人から13人に一人にのぼると言われています。* 誰にもカミングアウトしていない人が多いので、多くの方は、その数字を実感できないでしょう。私が尊敬する人の中にも性に悩んでいる方がいます。そのことを教えてもらい、生きづらさを抱えていることを知ったときは、心が痛みました。LGBTの方は、社会からの偏見も持たれることも多いと思います。私は、精神障害があるうえに、LGBTでもある方を複数名知っていますが、「あーそうなんだぁ」と思うだけで、個性の一つだと捉えられるようになっています。私がLGBTについて自然に受け止められるようになったのは、広瀬さんなど何人かのカミングアウトしてくれた方のおかげでしょう。一人の人として接すれば、ＬＧＢＴのことも精神障害のこともその人を理解する上で必要な情報であるにすぎなくなります。身近に接することで、偏見は払拭できるのではないかと希望を持っています。

＊ＬＧＢＴ総合研究所「ＬＧＢＴ意識行動調査」https://www.daiko.co.jp/dwp/wp-content/uploads/2019/11/191126_Release.pdf

第Ⅲ部

精神障害者の
結婚に関するお悩みにお答えします

はじめに　精神障害と結婚

［野間慎太郎］

みなさん、第Ⅱ部を読んでいかがでしたか？　恋愛だけでこれだけの悩みと様々な経験であふれていることが伝わったと思います。しかし、そこであきらめることなく次のステップを目指している精神障害者がたくさんいることが少し見えてきたのではないでしょうか？

この第Ⅲ部では結婚について様々なエピソードが記されています。まず誤解しないでほしいのですが恋愛と結婚を必ずしも結びつける必要はありません。多くの場合、結婚は二人だけの話ではなく、家族や親族といった多くの人が関わってきます。そして精神障害があるということで結婚を許されなかったり、踏み切れなかったりすることもあると思います。でも、それってなんだか不思議というか、変だなぁと思いませんか？　おそらく障害の有無にかかわらず誰もが結婚についてはなにかしらの不安を感じると思います。それは特別なことではなく自然なことです。だって全く別の環境で育ってきた他人同士です。ただでさえ価値観や考え方に違いがある中で一緒に生活していくのです。誰もが不安になります。そこに精神障害があることで、より不安になることも確かにあると思います。経済面、体調面で考えると健常者よりは不安になる気持ちは強くなってしまいますよね。しかも結婚は恋愛と違い法的なしくみなので気軽にできないという部分もあります。かといって精神障害だけが結婚における障害でしょうか？

他にもいろいろとあるとは思いませんか？……となると。

さて、どうしましょう。それでもやはり精神障害があると結婚は難しいのでしょうか。あきらめるしかないのでしょうか。そもそも結婚する必要はあるのでしょうか。第Ⅲ部では精神障害があっても結婚について行動をとった仲間たちと、それを応援する人たちがペンを取りました。

精神障害があるから……ではなく、

精神障害があるけれど……という仲間たちです。

はたして精神障害は結婚において本当に障害なのか。そのことが第Ⅲ部では見えてくるかもしれません。

さぁ精神障害者が結婚することで起きる様々なできごとについて赤裸々に綴られた第Ⅲ部の始まりです。

STEP 0 具体的に結婚に向けて行動していない段階

◉結婚ってなんですか？

相談

僕は、精神障害のある当事者同士で付き合っています。交際は2年続いていて、彼女から結婚という言葉が出てくることもあります。僕の親は、シングルマザーで一人で僕を育ててくれたので、結婚ってどういうことなのかがよく分かりません。結婚ってなんですか？

当事者の考え

▼統合失調症を発症しても、私にとって結婚とは人生の夢であり目標でした。同じく統合失調症を患う女性と結婚しました。結婚して二人暮らしをしている今では、相方は家事や生活費を分担する協力者であり、自分のことを肯定してくれる人生の理解者です。生活やニュースで共感できるとかけがえのないパートナーだと感じます。

▼私も結婚するまで、結婚とはなにかよく分かっていませんでした。結婚を経験した私にとって、結婚とは赦（ゆる）し合いながら絆をつくり上げていく作業です。

▼私も既婚者です。結婚して大事なことは、お互いに自分を二の次にできるか、だと思います。自分優

先ではなくパートナーがやりたいことを優先できるか。その上で自分の気持ちを大切にすることだと私は思います。パートナーに笑顔でいてもらうこと。相手が笑顔なら私も笑顔で日々を過ごせますから。譲り合いと思いやりです。

▼私は、結婚をあまりおすすめはしません。結婚は社会システムであり、慣習的な儀礼です。なので、いろいろそういった規範をうけとめられないと、めんどくさいと思います。

▼私も結婚してみて分かったのですが、いろいろと責任が発生しますし、先方の親の介護は仕事のうちという見方をする方もいます。結婚のよい面としては、公的に関係を認められ、尽くす相手が一人になるので、気持ちが安定すると思います。そして、結婚は、自分の選んだ相手と家族になれるという選択できる行為です。継続が前提なので未来をつくれるということもあります。世界が広がるでしょう。現代日本の女性であれば職業や肩書ともなりうるのではないでしょうか。

COLUMN♥ 社会制度としての結婚

［蔭山正子］

結婚とは、一つの社会制度であり、法律で定められています。憲法24条1項には、「婚姻は、両性の合意のみに基づいて成立し、夫婦が同等の権利を有することを基本として、相互の協力により、維持されなければならない。」と婚姻の自由と夫婦の権利の同等がうたわれています。結婚すると義務や権利が発生します。同居する義務、扶養義務（近親者が経済的に自立できない人を支援しなければならない義務）、貞操義務（夫婦が相互に配偶者以外の相手と性的関係をもたない義務）、未成年の子の監督義務、財産分与請求権、相続権などです。一緒に暮らすのが基本、互いに助け合い、浮気はしてはいけないなど、私も結婚するときは深く考えていませんでしたが、改めて考えると制約が多く、また、現代の多様な生き方にそぐわない点も多いと思います。

森岡らによると[*]、結婚は、機能としての社会制度でもあるそうです。結婚によって性的関係が正当なものとされると同時に、夫婦以外の性的関係を否定するため、性的秩序を保つ機能があります。子をもつ欲求を満たし、社会に新しい成員を確保する機能があります。そして、夫や妻という新しい社会的地位を与え、結婚することによって社会的に一人前になったと認められるような機能があるそうです。しかし、夫婦間でも嫌がる性行為は性暴力ですし、子どもをもたないのも自由、もてない夫婦もたくさんいますし、結婚しなくても一人前だと思います。

＊森岡清美・望月崇『新しい家族社会学』培風館、1997

◉精神疾患を患っているので結婚することに不安があります

相談

私は、精神疾患を患っています。発病してから病状がなかなか安定せず、苦しい時期がありましたが、やっと彼氏ができました。すでに30歳をすぎたので結婚も意識していますが、まだ自分のことだけで精一杯なのに、結婚したらやっていけるのか不安です。

当事者の考え

▼私も結婚するまでは、自分の病気のこともあり、たくさんありますよね。結婚は二人ですることなので、必ず相手がいます。私たちは、話し合って一つ責任をもってやっていけるのか不安でした。不安は

ずつ解決していきました。そうすると「不安」より「安心」の数が増えていきました。

▼相手とよく話したほうがいいと思います。私も病気を抱えているので、体調面だけではなく、経済的な困難さを抱え込みやすいです。そういったことをお互いによく事実は事実として理解することは大事だと思います。その上での解決策やそのステップを共有してはどうでしょうか。ただ、なにごともうまくいくときはうまくいくし、うまくいかないときはうまくいかないものです。それはそれで仕方ないと私は思います。

▼結婚を考えるときに、子育てしたいかどうかが重要ではないのかと私は思います。婚姻は解消できるので。ただ、結婚によって病状が悪化するかもしれないと不安に思う人はいます。不安であれば、病状が悪化しないように具体的になにが原因でどうなるか予測してみてはどうでしょうか。病状が悪化しないような工夫は可能だと思います。たとえば、一人の時間が必要なら自分の部屋を持ったり、家事負担の軽減策を用意したり、先方の身内との付き合い方にルールを設けたり、不安の中身を明確化！　最初に無理をすると当たり前だと思われるので、なにが負担でできないか事前申告がいいのではないかと思います。

▼私は、不安なら結婚しない方がいいと思います。それなら恋人のまま幸せの方が、ずっといいのではないでしょうか。結婚という形にこだわる必要はないと思います。結婚したあと、みんながみんな、幸せであるか、と考えると、離婚する人もいなくはない。結婚はそれなりに精神をそぎ落とします。環境が変わるからです。私は、少しでも不安に思うなら、今の人がよき人なら、もう少し話し合いを重ねることをお勧めします。

COLUMN 病気があっても結婚や出産はできます

[精神科医、竹林宏]

「病気があって、結婚、出産ができますか？」と聞かれることがあります。

もちろんできます。

これから結婚をされる場合には、ご自分の病気についてパートナーにきちんとお話をされることをお勧めしています。今後一緒に暮らしていくパートナーには病気のことを理解しておいてもらい、具合が悪くなったときには支えてもらう必要があるかもしれません。

話しづらかったり、どう話したらいいのか分からないこともあると思いますが、そうしたときには医師などの支援者に相談してみてください。場合によっては時間をとってもらって、パートナーと一緒に説明を受けてみるのもいいかと思います。

STEP 1　結婚を具体的に考える段階

◉相手の親に病気のことを理解してもらえるでしょうか？

相談

私には精神障害があります。相手は障害のない方です。そろそろ結婚したいと考えているのですが、相手の親にはまだ自分の病気のことを伝えていません。病気のことを理解してもらえるか不安です。

当事者の考え

▼私も精神の病をどう人に伝えたらよいか悩むことが多いです。知識のない、または、知ろうともしない一般の方に精神の病を理解してもらうのは難しい作業だというのが実感です。これは時間をかけてでも少しずつでも薄紙を一枚一枚積み重ねるように行動で示していくしかないと思います。小さな実績でも重ねていくごとに少しずつ夫婦の形、恋人同士の形、幸せも見えていくかもしれません。たとえ、それで理解を得られなくてもあなたがいいと言い続けてくれたパートナーが目の前にいてくれると思いたいです。

▼理想としては、ちゃんと病気のことを打ち明けて

理解してもらえることだと思います。しかし、世の中理想的な親ばかりではありません。病気のことを打ち明けるのは、親の方から病気のことについて問われてからでも遅くはないと思います。聞かれないということはそれほど問題がある症状ではないということです。病気があっても普通の人なんだという認識でいた方がいいと思います。

▼私は結婚後に統合失調症を発病しました。相手の親に伝えたところ「うつさないでね」とか、「暴力は絶対にしないでね」と言われました。精神疾患は風邪とかじゃないのだから、うつるものでもないし話し合いをして結果的には分かっていただけたのですが、理解してもらうことの難しさを感じました。それからは病気を相手の親やきょうだいに伝えることをためらっています。

▼単純に、診断名だけ伝えても、分かってくれるとは限らないように思います。あなたが不安のように、診断名を伝えられた相手の親も不安になると思います。伝えるときのポイントがなにかをパートナーと相談して、作戦を練りましょう。

▼私は、病気のことがバレないなら相手の親には言わなくてもいいと思います。言う必要があるかを考えます。なぜなら、理解してもらえない場合も多いし、結婚相手として選んだのは恋人だけだから。先方の親はたまたま付いてくるものなので精神的に深く付き合わなくともいいのではないでしょうか。親しくなってから言う方が色眼鏡が少なくていいかもしれないし、知られたくない人にも親経由で伝わるかもしれないので無理に言わなくてもいいと思います。

—体験談— 障害について無理に伝えない

［野間慎太郎］

私は妻と結婚するまで10年かかりました。ですからその間に義父とは何度も会っていますし一緒に食事をしたりしています。ですが障害について話をしたことは一度もありません。

理由はいくつかあります。まず根本的に理解してもらえると思っていないからです。自分の親が理解できていないことを義父に求めるのは難しいと思ったからです。そして理解してもらう必要を感じていません。妻は10歳のときに母を亡くしています。そのこともあり義父は二人が楽しくやってるならそれでいいと、いつも口にしています。それが一番だからと。おそらく改めて障害について話をしたとしても、それでも楽しくやってるならいいよと言われると思っています。ですから必ずしも伝える必要はないと私は感じています。状況は人それぞれですから無理に伝えることで話がこじれるならば黙っておくという方法もあるのではないでしょうか。

親が願っているのは我が子の幸せです。ですから二人が幸せになることを選んでほしいと思います。祝福されることと幸せになることは似ていますが大きく異なると考えます。祝福は一過性ですが幸せは恒久的なので親の理解がなくても結婚して幸せになることはできます。先日、私の友人が結婚しました。障害のこともあり反対され続けていましたが二人の気持ちは一つになっていたので既成事実をつくればなにも言わなくなることが分かっていたので、私たち夫婦が証人になり二人は結婚しました。今も二人で幸せな日々を送っています。改めて相手の親に理解を求めなくてもいいんじゃないかと思ったことです。

大切なのは二人の気持ち。大事なのはパートナーを理解すること。そこじゃないでしょうか。

―体験談― 相手の親に「私は精神障害があります」宣言

〔猫柳ゆーぎ〕

私の周りは精神の病でもオープンな環境だったので、旦那の親御さんにも「私は精神障害があります」宣言してました。知り合った人で関わりたいと思った人には、まず「私は当事者」と伝えます。病気の人とは関われないと言われるのは辛いですからね。ただ私は、精神科の病気も科が違うだけで内科や外科にかかる病気のようだと思っています。精神科にかかる人、たくさんいるじゃないですか。現代病とも言われているし、それなら糖尿病とかとくりは一緒ですよ。みなさん、形成外科なんて行かないでしょう？　下手すりゃ聞いたこともないでしょうね。美容整形の外科じゃないですよ。あれはあれで異なります。もう精神科はマイナーな科じゃありません。かかった病気の担当の科が精神科なだけです。風邪なら内科か耳鼻科。骨折なら整形外科みたいに。病気を受け入れてくれない人はそこしか見ていないか、そこしか見れない人なんでしょうね。ただ治りにくかったり治らないだけ。でもそんな病気は内科にも外科にもある。

一体験談一を受けて　［蔭山正子］

精神疾患は、外見からは分からないため、言わなくても相手に伝わる類の病気ではありません。そして、人生において様々な困難が生じやすいため、人生を共にする伴侶には理解してもらうことが望まれる病気だと思います。一方、精神疾患は、生涯で4～5人に一人は罹患する国民病ですが、それでも、自分とは関係ないと思っている人が多く、また、偏見も強い疾患です。

病気を伝える必要性は高いのですが、簡単に理解してもらえない、という特性があると思います。それでも、私は、病気のことは伝えたほうがよいとこれまで思っていました。それは、健康な配偶者の方に、「精神疾患を患っていたとは知らなかった」と、騙されたというようなニュアンスで言われる方が少なくない割合でいらっしゃるからです。そのため、夫婦だけでなく、親にも説明したほうがいいのだと思っていました。しかし、お二人の体験談を読み、親に伝えるか伝えないか、という選択は、それぞれの事情や状況で異なるため、夫婦で話し合って最善の方法を決めることが大切なのだという考えに変わりました。

◉結婚のメリット・デメリットはなんですか？

相談

僕は、大学生から長くお付き合いしている彼女がいます。彼女は今のところ健康でフルタイムで仕事をしています。僕は体調を崩して一度離職しましたが、障害者向けの就労支援を受けて、1年前に仕事を始めました。仕事が安定してきたこともあり、最近、彼女から結婚してほしいと言われました。結婚というとプレッシャーを感じてしまいます。結婚にはどのようなメリット、デメリットがあるのでしょうか。

当事者の考え

▼私は、精神障害のある当事者同士で結婚しました。結婚して、好きな人、気の合う人といつも一緒に過ごせるのはそれだけで大きなメリットです。疲れたときにいたわりの言葉を側で言われるだけで幸せです。籍を入れればそれなりの責任と自信も感じられるし、充実した日々を過ごせます。なんでも2倍になることもメリットだと思います。人手も1から2へと倍になります。デメリットは、自分だけの時間が減ることです。気をつかう相手も増えます。一人が好きな人にとっては結婚にあまりメリットを感じられないのかもしれませんね。

▼私は、私と同じ病気のある夫と結婚しました。私にとって、結婚のメリットは、安心感を得られることです。好きな人と一緒にいられるのは、とても幸せなことです。生活費は、夫婦で協力できます。夫婦の時間と会話がとても大切です。結婚のデメリットは、頑張って料理をするため、皮下脂肪がついてくることです。私は結婚してかなり太りました。元々は他人同士が一緒に暮らすので、それぞれの育ちや価値観の違いと向き合うことになります。折り

合いをつけたり、妥協することも必要になってきます。

▼私は結婚するときにメリットやデメリットを考えたことはありませんでした。メリット・デメリットで測ることができないのが結婚だと思います。長期的に考えたら、なおさらです。なので、そういう着想になっているあなたはその方と結婚しない方がいいと私は思います。なにかあるたびに小さなことでも後悔をするような気がします。

体験談 非当事者の妻目線から見た結婚

〔妻、野間里美、サポート役：野間慎太郎〕

私たちはこの原稿を書いている段階で、18年の付き合いになります。交際、半同棲、同棲、結婚と歩んできた中で感じたことを書いていきます。

夫はご両親との関係が悪化したことで、それまでは夫の実家で半同棲していたのですが、強制的に一人暮らしをすることになりました。結果として一か月くらいで夫から頼まれて同棲することになりましたが、私はそのとき、少し複雑な気持ちでした。私は、一通りの家事ができるので、夫にも家事の基礎を学び大変さを知ってほしかったからです。できれば3か月～半年は一人で生活してほしかったと思っていたのですが、夫がギブアップしてしまったので突き放すわけにもいかず、同棲するしかありませんでした。

本当は休みの日だけ遊びに行くくらいの生活がしたかったなと思っていました。けれど当時、夫が躁転していたこともあり理想通りにはいきませんでした。そのせいもあって、ささいなことで言い合いになったり、けんかになることもありました。夫は夕食の買い物と支度はしてくれていたのですが、他にはなにもせず、昼間はパチンコに行き、夜はゲームをしているような生活でした。当時、私も仕事のことで余裕がなく、そんな夫に対する怒りをどう抑えるか、キレそうになる自分をどうコントロールするか、電車の中でずっと考えていました。帰宅するのが午前1時くらいだったので、帰り道の一人歩きが頭を整理する時間でした。その習慣は今でも続いています。それでも温かい食事をつくって食べずに待っていてくれることはとても嬉しかったです。

同棲時代、一緒にいてくれて本当によかったと思ったことは、私がコンタクトレンズを雑に使っていたせいで目を傷めてしまったときでした。失神するくらいの痛みで目がほとんど開かなくなってしまったのですが、夫がすぐに夜間救急相談に電話をして病院を手配し、タクシーをつかまえて病院まで連れて行ってくれました。目が見えないので私一人だったらなにもできなかったと思います。そのことがきっかけで「思いやり」ということに気づきました。大変なときに精一杯のことをしてくれたことで自分も思いやりの大切さに気づき、それがとても大切だと思うようになりました。

私が夫と結婚したのは東日本大震災の年でした。あの震災がなければ結婚していたか分かりません。つながりの大切さを再認識することが一つのきっけでした。もう一つは親を安心させるためです。ちょうど交際して10年目の年でもあり、けじめをつけるタイミングでもあると思いました。また、夫の母から結婚することも親孝行だと聞いて踏み切る勇気が生まれました。

当時、夫はまだ障害認定は受けておらずフルタイムで働いていましたが、結婚生活にあたって夫の生活レベルに合わせる妥協はしました。挙式したときに家族の前で誓ったこともあり、もう少ししっかりするかもしれないと期待した部分もあります。

なんと言うか、私は結婚によるメリットを意識していません。少しずつ夫のことを理解して受け入れていきました。働けるのに働けないもどかしさや働きたいのに働けない辛さ、障害者としての就活が難しく苦しんでいるのも見てきました。そんなことも含めて長い時間をかけて夫を理解し、今も理解を続けています。そんな夫は自分の状況をいつも丁寧に伝えてくれます。

薬のこと、副作用のことなど服薬により今後どんなふうになるか、どうなっていくかを伝えてくれます。なのでやれる家事はできる範囲、できる程度で今はお願いしています。結婚によって一番、大きいのはやはり相手を思いやることに気づけたことです。夫だから気づけたと思います。夫の努力を見ているからこそ気づけたと思います。だから私は夫のことを身体の病気もあるのでよく見るようになりました。

結婚してからは、やっぱり仕事と家庭のバランスが難しかったです。帰宅時間が遅くなっても夫が躁転していたときは延々と話をしてくるので、「明日も仕事なんだけどなぁ」と思い我慢していました。睡眠時間が3時間くらいになってしまった結果、仕事にも支障をきたすようになり半分寝ながら仕事をしていたこともあります。こういう状況が続いていたので、やっぱりプライベートな時間は欲しかったです。なのでまっすぐ帰らないこともありました。全部、受け止めたいと思う反面、できないことの難しさに悩んでいました。今はお互いに一人の時間をつくるようにしています。もともと自分の世界が狭いのでより狭くなるような感じが嫌だったからです。束縛されたくないというより、制限されたくないという感じですね。でも週に1日とか月に1日でも十分です。

結婚のデメリットについては、まず先にデメリットにならないことを考えることが結婚だと思います。お金のことについてはけんかの原因になったので、きちんと話し合い改善していきました。あとは、私も疲れたり風邪をひいたりして家事をするのがしんどくなることがあるので、食事は簡単に用意できるパスタや冷凍うどんなどの食料を備蓄しておいたりして対処できるようにしています。不満はとにかくためないこと。不満が言えないのは本当に辛いし、改善してほしいから不満になるので伝えていくことが大切だと思います。お互いに欠点はあるし、でもそれを笑って受け止められる対等な関係が結婚だと思います。欠点もその人の魅力ですから。

浮気については、されても仕方ないのかなぁと思っています。もちろん嫌です。でも昔から性に対する捉え方が私は肉体的なものより精神的なものを求めるので、部屋で手をつないでいたりデートするだけでも満たされますが、夫がそうでなければ仕方ないかなと思います。ただ完全に、絶対に隠せと思います。たぶん無理です。必ず見抜きますね。

離婚についてはお互いをしっかり理解して避ける努力を続けることしかありません。かといってそのことで結婚に踏み切れないのであれば、まず時間をかけて一緒に過ごす時間を増やしていくのがいいと思います。

私は18年、夫のそばにいて理解できるようになったのは、ここ数年です。夫も私も変わっていきます。なのでこれからもお互いの理解を深めていける関係を大切にしていきます。

（この原稿は妻、里美の口述を元に夫、慎太郎が起稿、構成しました。）

体験談―当事者として、夫として

〔野間慎太郎〕

私にとって恋愛と結婚は直結しています。0か100かという極端な性格というのもありますし、先のことを考えるからこそ相手を大事にできると思っているからです。ついでに私は女性に人気がないというのもありますが。

妻と知り合ったのは今で言うSNSです。当時は（2001年）インスタントメッセンジャーと呼ばれていたパソコン用のサービスです。高校を卒業してヒマな時間が増えたのでヒマつぶしにいろいろな方とメッセージのやりとりをする中で妻と知り合いました。この段階では顔も名前も知らないのですが、なんだか気になってしまったので、ありったけの勇気を出して食事に誘い、渋谷ハチ公前で初めて実際に逢ったのですが「あ、この人と結婚するな」と根拠のない直感が働いたことを覚えています。そしてその日から交際が始まり今に至ります。

私が障害者認定を受けたのは31歳のときになるので結婚後ですが、交際時から何度か心療内科を受診していました。ただ、そのことが支障になったことはなかったように思います。妻が言うには「そういう人、そういう性格」くらいにしか思っていなかったようです。そのかわりというわけではありませんが、親との関係は徐々に悪くなっていきました。

「働けるのに働かない」と親が思っているのに対して、私は「働きたいのに続かない」と考え方そのものがズレていたのが大きいと思います。そのことを分かってくれたのは妻だけでした。結果として私は生活費の一切を親が負担するということで一人暮らしを始めることになりました。それまでなに一つ家事をやっていませんでしたからなにもできません。さらに軽躁状態に陥ってしまい不安と焦燥感でいっぱいになったので、妻に助けを求め同棲が始まりました。実家にいる頃から半同棲だったのですが全ての家事を二人で分担するとなると今までの考え方では成立せず、よく言い争いになりました。正直なところ、私は躁転していたせいかこの頃の記憶が曖昧ではっきり覚えていないのですが夕食の買い物と調理を担っていたので、それだけはできるだけやるように心がけていました。頑張って働いている妻が元気でいられるように献立を考えるようになったり、お肉を冷凍して保存して備えておいたりする習慣も身に付きました。やはり負担は少しでも減らしたいですからね。

その後、状態が落ち着いて健常者として働いたタイミングで母が結婚を勧めてきました。大いに迷いました。仕事を続けられる自信がなかったからです。今までのように突然、電池が切れたようになにもできなくなる日が来るのではないかと考えると迷ってしまう自分がいました。ですが交際からちょうど10年という節目でもあり、挙式することで自分の中でもなにか変わるかもしれないと信じて挙式しました。花嫁姿を義父に見せることが親孝行と言われたのも大きかったです。

しかし、残念ながら職場でのストレスが限界に達してしまい、うつがひどくなり退職することになったときはひどく落ち込みました。このころ、妻から言われた痛烈な一言があります。

「私はあなたの介護をするために結婚したわけじゃない」

これは効きました。こたえました。いつの間にか

―体験談―を受けて

障害に甘えていたことに気づかせてくれた一言として今でも胸に刻んでいます。あのとき、自分を甘やかしていたら離婚に至ったかもしれません。それ以降、意識が変わりました。もちろんできない日もありますが、できる日はきちんと妻のためにも頑張ろうと思うようになりました。「結婚してよかった」と思ってもらえないのは悲しいですからね。一緒にいることが楽しいと思える日々になるようにお互い感謝とねぎらいを大切にしながら過ごしています。

それでもやっぱり精神状態が悪いと、妻が不倫していたらどうしようかなんて思ったことはあります。でもその不安はきっと結婚したら一度は頭をよぎるような気がしています。障害関係なく誰でもです。心の感度が敏感になっているときには普段、気にならないささいなことも気になったりしますからね。不倫されてもしかたがないなと思う部分もないではないですが、これだけお互いを支えながら想い合って生きているので疑うだけヤボだなと思います。

たとえば、私の体調が悪かったり妻が忙しかったりで性行為が疎遠になってしまったときは、一緒にお風呂に入って妻の髪を洗ってあげたりお風呂上がりにマッサージをしたりします。裸でくっついているだけも落ち着いたりしますし、心も安らぎます。性行為は夫婦にとって大切ですが形は様々でいいと思います。正解はないので。お互いが心身ともに穏やかに過ごせる時間であれば十分だと思っています。性行為の減少で不倫を疑う気持ちは分かりますが理由や原因についてきちんと話し合うことがとても大切になると思います。

私たちはあらゆることを日常的に話し合うことでお互いを理解し許し合いながら、より大切に想っていけるようになっていきました。対等な関係で言いたいことを言える。それが結婚だと思います。

［蔭山正子］

野間さんご夫妻は、お二人ともオシャレでお似合いのカップルというのが私の印象です。私は、「精神に障害がある人の配偶者・パートナーの支援を考える会」の運営を手伝っているので、精神障害のある夫と暮らす、健康な妻からいろいろなお話を聞いています。そうすると様々な困難の中でも、悲しみを伴って語られることに「パートナーからケアラーに」関係が変わったということがあります。奥様の言葉、「私はあなたの介護をするために結婚したわけじゃない」に通じます。一緒に相談したいのに、相談できない関係になったということもパートナーではなくなった感覚として語られます。お二人の体験談を読んで、夫婦は、気持ちの上ではいつも対等な関係性であることやお互いを思いやることの大切さを再確認しました。

◉経済的な面で結婚に不安があります

相談

自分は精神障害がありながら、就労支援の訓練を受けて週3日の仕事を行っています。しかし、体調は不安定になることもあり、体調が悪いときは仕事を休まざるを得ません。付き合っている彼女は結婚したいと言いますが、そのような経済的に不安定な状態で、結婚に踏み切ることができません。

当事者の考え

▼僕には障害があり、障害年金とパートタイムの賃金で生活しています。妻は健常者で、フルタイムの勤務です。男性だから、女性だからとこだわらずに、お互いに収入や家事など補い合って生活しています。高い生活レベルを望まず、生活するだけならなんとかなるかなと経験上思います。障害年金や公営住宅

など金銭的な制度を利用している人もいます。

▼私にも障害があり、何度も仕事をやめていますので、その不安はよく分かります。不安があるのは決して悪いことではないと私は思います。不安を払拭するために頑張ろうとするからです。でも、難しい場合は生活保護を頼ることも必要だと思います。公的な補助を使うことはとても大事です。病気とともに暮らすこと、その生きざまは病気を知らない人にとって、とても励みになることです。SOSを出すことも大事なスキルです。それも結婚の責任だと思ってはどうでしょうか。

体験談　家事を分担することで互いの負担を軽減

［野間慎太郎］

私たち夫婦は2年の同棲を経て入籍しました。家族関係の悪化に伴い単身生活を始めたものの、今まで全く家事をしていなかったので炊事洗濯が一切できなかったため早々に同棲を妻に頼んで暮らし始めました。

当時、私は無職で妻は働いていたので、主夫のようなことをしていました。そこで最初に身に付けたのが料理です。働いている妻のためにも食事だけはしっかりと用意したいと思い、レシピを買ってきて少しずつ勉強してレパートリーを増やしていきました。無職とはいえ献立を考えて買い物をして料理をつくるという習慣は経済的にも健康面でも役に立ち、今でもそれは続いています。洗濯は苦手です。というよりは柔軟剤や漂白剤など妻がなにをどう使っているか分からないので任せることにしました。できる家事を分担することでお互いの負担を軽減することにつながっています。

また私たちはほぼ毎日、一緒に食事をしています。その日あったことを話しながら食事をすることで会話の時間を増やしています。共働きのときは入浴を先に済ませるなどして食事の時間を確保していました。やはり一緒に暮らしているのでコミュニケーションの時間は大切です。怠ることで互いの考え方にズレが生まれ些細なことから口論になることもありました。ですから私たちは会話を大切にし、というよりも会話を楽しんでいます。

障害者認定を受けてから家計は妻の収入がベースになり私は障害基礎年金と障害者雇用で働いているときの給料を足した数字になるので下回っていますが後ろめたさのようなものはありません。いつかは養いたいと思いながら今できる範囲で仕事をしています。収入で足りないぶんを家事でおぎなうような感覚、兼業主夫です。妻からすればまだまだ足りないところがあると思います。実際、たまにそんなことを言われます。だから毎日が楽しいです。まだ成長できる伸びしろ、期待してもらえるところがあるわけですから。

そしてなによりも大好きな人が毎日そばにいる。そのことがなによりのリカバリーにつながっています。私たちは思いやりを大切にして障害抜きに人としてお互いを尊敬しながら過ごしています。

〔広瀬玄武〕

一体験談一 生活保護を受給して二人で生活

※生活保護については各自治体、受給時の最低賃金、世帯状況などにより変動します。ここに書かれている内容はあくまで一例ですのでご了承ください。

僕が、生活保護を受けたのは、もう10年前になります。生活保護を受けるきっかけは、病気のためにお金が底をついたからです。生活保護課に相談に行くと、過去からそのときの現在までの話を聞かれました。成育歴を聞かれ、家族から虐待を受けていたことなどを話した結果、精神科の受診を勧められました。言われるがまま精神科の門を叩きました。生活保護の申請が下りるまで3週間くらいかかりました。それまで待ってる時間がすごく長かったのを覚えています。そこからアパート探しが始まりました。

初めは病気のことを隠さず探していたのでなかなかアパートが決まりませんでした。アパートを探すなら病気のことは隠した方が見つかるという助言を受け病気を隠してアパートを探しました。そしたらすぐに決まったのです。敷金礼金なんて自分自身が出せるわけないので、それを役所に相談したら「それは出すから大丈夫です」と言われアパートに引越ししました。家電製品も買うお金も支給されました。そのとき、僕は障害者手帳を持っていなかったので保護費は8万1000円くらいでした。そこにアパートの家賃が5万3000円で合計13万4000円位いただいていたと記憶しています。

そうこうしているうちに、彼女が地方から遊びに来たのです。そして帰りたくないという言葉があり、住む所がないので僕の家に住むことになりました。仕事をしていたのですがお金が底をついてしまったので、次は、彼女を生活保護のケースワーカーのところへ連れて行きました。彼女の生活保護の決定が下りました。僕はLBGTなので彼女と籍を入れようとすると養子縁組をする必要がありました。生活保護を受けていて養子縁組とか結婚は、とても難しいことを痛感させられることになります。生活保護のケースワーカーに相談してもだめだと言われ課長に相談してもだめだと言われ壁にぶち当たりました。そのうちケースワーカーが替わり、養子縁組の話をしたら、了承してくれ、無事に養子縁組してまたアパート探しが始まりました。

二人で住む今度の家賃は6万9000円です。すぐに決まりました。敷金礼金も出ました(自己都合の引越しの場合は、敷金礼金は出ません)。そのときの生活保護費は14万円くらいあったと思います。それと、家賃6万9000円で合計20万9000円くらいでした。食費が2万円くらい、光熱費が全部で2万円くらい。スーパーで安い肉とか買って自炊してました。働いているころから、食事は夕食だけの1日1食だったので安かったんだと思います。光熱費は、僕が暑がりで、夏はエアコンガンガンで、冬は彼女が寒がりでエアコンガンガンで、電気代だけで1万3000円くらいでした。保険適用内なら医療費の自己負担はありません。近くの病院に行くようには言われますが、基本的に病院に行った交通費は使ったぶんだけ申請すれば支給してもらえていました。

僕がいた地域では、買ってはいけないものは貴金属、ブランド品でした。贅沢はしちゃいけないと思いつつも、お金が入ると多少の贅沢はしてしまう性格みたいです。

体験談 生活保護をサポートとして受け、親子で暮らす

［猫柳ゆーぎ］

※生活保護については各自治体、受給時の最低賃金、世帯状況などにより変動します。ここに書かれている内容はあくまで一例ですのでご了承ください。

私は幼い頃から生活保護を受けていました。旦那と知り合って妊娠し、同じ家に暮らすことになり、旦那（まだ彼氏のころですが）がまだ仕事ができていたので面倒をみてもらってくださいとのことで生活保護が切れました。その後、旦那が働けなくなっていて私の障害年金と母のパート代だけで暮らしました。息子を出産したときは旦那の両親に助けてもらいました。出産から3か月で登録制派遣の仕事につきました。しばらくして旦那も障害年金を受けることになりましたが年金担保でお金を借りてしまいデイケアのスタッフに生活福祉課に連れていかれて即時生活保護というものを受けました。

息子と母が加わって4人暮らしになりました。月割計算にすると大人3人の年金は20万をちょっと切ります。大人3人が年金生活ですが一般生活にはほど遠い金額のようです（それが一番の驚きです）。そこから1万は息子の学費です。県営住宅に住んでおり、家賃は市役所が住宅扶助により直接払ってくれているので手元には入りません。光熱費や携帯代、交通費、交際費は年金でやりくりしています。食事は、基本お肉と米がメインです。バランスは悪いですがお腹をいっぱいにすることを優先しています（育ちざかりがいるもので）。

児童扶養手当は収入扱いなので生活扶助から引かれて実質ゼロです。医療費は保険適用なら生活保護

で補われます。まず受診する前に生活保護に対応している病院かどうかを確認する必要があります。

生活保護を受けながらどのくらいの収入が認められるかというと、現在では一人1万5000円くらいまで稼いでいいようです（※お住まいの自治体や状況により異なります。収入分は保護費から減額されることもありますが、稼いだお金は既定の範囲内で自由に使えることもあります）。交通費（実費）は収入に入らないそうですがケースワーカーに届けたうえで判断されます。

私は息子の進学のために貯金をしています。生活保護でも進学のための貯金は許可されるようになってきているようです。入試や入学金、学校に必要な制服やカバンは用意しなくてはなりませんから貯金は必要です。ただし、進学を断念するときはこの貯金は市役所に返金となります。大学に進学しないのが固まってきたら子どもには一人暮らしをしてもらうのが子どもにとって負担は少ないです。家族分離するわけではなく行政に息子の進学用に貯金専用の通帳をつくる許可をもらっているのでそこは問題ありません。進学しなかった場合は通帳ごと行政に全額返還するような感じです。

バイト代も本人の収入にはなりますが、世帯が別ならば私たちも子どももむりやり取られるお金はありません。子どもが貯金しようがそれは子どもの自由となります。一般世帯として生活するので自立にもなります。だからといって食事などをサポートしていけないわけではないので食べたいものをつくってあげるのも全然ＯＫです。

生活保護での悲しいできことは、即時保護の直後に中絶をしたことです。私が正しい情報を得なかったことを悔やみます。生活保護と一人の命を天秤にかけるほど生活が苦しくなってしまいました。今では出産制度が生活保護にもありますので産みたいのなら貫き通してください。失った命は帰ってきません。

私は生活保護を受けながら生活をしていますが、ごくごく個人的な考え方として、生活保護は一時的にサポートとして受けて、最終的には仕事を得て打ち切ってもらうというのもありです。生活保護を打ち切られるのは「あなたはもう自力で生きていけますね」と認められることでもあると思っています。

「サポートとして受ける」と私は考えています。

一体験談一を受けて

【蔭山正子】

精神障害をお持ちの方で、結婚を躊躇（ちゅうちょ）する理由の一つが経済的な不安です。特に男性の方は、ジェンダー役割からより不安になるように思います。

ジェンダーとは、社会的文化的な性別のことです。社会的、文化的な背景の中でたとえば「男は仕事、女は家庭」といった男女の役割意識ができます。日本社会は、高度経済成長以降、夫がサラリーマンとして安定した収入を得て、妻は夫の収入で扶養され、家事と育児に専念するという専業主婦化が進みました。2015年の内閣府の調査では、「結婚生活において、夫婦の間で家計をどのように担うのがよいと思いますか」という問いに対して、夫が担う66・8％、妻が担う11％と大幅に夫が主に担うことを男女ともに理想としています*。高度経済成長以前の農業や漁業で生計を立てていた時代では、労働は家全体で行うものでしたが、現代では、共働き世帯が増えたとはいえ、収入という点においては、夫に過度の負担がかかってしまいます。特に、精神障害の場合は病状不安定や疲れやすいといった疾患特性から、いわゆるサラリーマンとしての労働が難しいことも少なくありません。収入を夫のみに頼ろうとする文化は、誰にとってもリスクがあると思います。日本の自殺率は、失業率と強い相関関係があると示されています**。中年期の男性に自殺率が高いことは、夫のみに収入を頼る夫婦の在り方が、夫の失業等によって崩れたときにあまりにも大きな負担になるからではないでしょうか。夫婦の在り方はそれぞれの家庭で決めればいいことであり、「男は仕事、女は家庭」という価値観がなくなれば、誰にとっても住みやすい社会になるのではないかと思っています。

＊内閣府政策統括官（共生社会政策担当）「結婚・家族形成に関する意識調査報告書」平成27年3月、https://www8.cao.go.jp/shoushi/shoushika/research/h26/zentai-pdf/

＊＊澤田 康幸・崔允禎・菅野 早紀「不況・失業と自殺の関係についての一考察」『日本労働研究』雑誌、598号、58～66頁、2010

◉挙式した方がいいでしょうか？

相談

僕は、もうすぐ彼女と結婚する予定です。女性はウェディングドレスや白無垢（しろむく）にあこがれると思いますが、挙式には費用もかかり、僕にとっては大きな負担になります。また、障害者同士の結婚なので、親戚など招くのも気苦労が多いです。挙式したほうがよいのか悩んでいます。

当事者の考え

▼私たちはお互い統合失調症を患った当事者同士で結婚しましたが、挙式をしませんでした。理由は私が人前に立つと極度に緊張してしまうためです。そして挙式を行うとしたら家族への気配り、配慮も必要になってきますがそのことができないためです。その代わりに婚姻届を区役所に提出した後日、こじんまりとした写真屋さんで正装をして写真を撮ってもらいました。

▼私は式を挙げませんでした。式を挙げるとなると親戚を呼ぶなど、病気のことを聞かれたり、その他もいろいろと大変なので。式は挙げなくてもいいけど、写真と指輪はあってもよかったかな。

▼挙式は結婚の報告会みたいなものともとらえられます。親族や友人を一堂に集めて報告ができるのでとても便利です。二人にとってはとてもいい思い出づくりにもなるのでお金はかかりますがやっておくのも一つの手だと思います。ちなみに私たちは当事者同士の結婚ですが、式を挙げていません。理由は緊張するのが嫌だったので。親族や友人には個別に会いました。

▼私はまだ結婚していませんが、挙式は嫌でなく、経済的に無理がなければ一般的な挙式をした方が無難だと思います。親族へのお披露目にも自分たちの思い出にも。単純に楽しいし協力してやりとげた経験になる。結婚準備はなにかとけんかになるので相手の価値観が分かる。周囲からまとめてお祝いされるので個別対応が不要。相手の職場の人や友人に会う機会をもてる。

体験談　必ず幸せにしようと固く決意

結婚となると少なからず考えることの一つが挙式するかどうかだと思います。挙式にも様々な形が今はあるので金額的にも大きな幅があります。結婚情報誌などで紹介されている典型的な挙式と披露宴で招待者が50人くらいの規模だとどうしても金額は大きくなってしまいます。だいたい300万円前後ですね。もちろんご祝儀がありますから全額支払うわけではないですが金額としては決して安くはないと思います。もちろん人生で一度きり……であってほしい結婚式なので張り切るのも選択肢の一つです。そのために貯金をして二人で頑張るぞというのも素敵です。一方でそこまで大きな金額は用意できないということもあると思います。

私もそうでした。健常者として働いていてもなかなか用意できる金額ではありません。なにしろそれなりの新車を買うことができる額ですからね。しかも車はローンが組めますが挙式はほとんど一括払いなのでハードルは高いです。遠方の親族を招待する

〔野間慎太郎〕

場合はその費用も負担することになりますから、結婚情報誌を初めて読んだときは愕然として私たちには必要ないなと違う形を選びました。

私たちの挙式はだいたい20万円くらいでしたが私の両親が負担してくれました、というより負担するから挙式しなさいという流れでした。もともと妻は私と出会うまで結婚自体に興味がなく、挙式についてこだわりもロマンもなかったこともあってか、いくつかの結婚式場を回って、お互いの親と兄弟を招く程度の小さな挙式をすることになりました。安いからそれなりということはなく、とてもていねいにプランニングをしてドレスもいろいろなものから選ぶことができましたし、私のこだわりだった結婚式のために流したい音楽も全て段取りにそって流してもらえました。

形式としてはチャペルでしたが特に宗教的な儀式はなく誓いの言葉とキス、指輪交換、形式的なケーキ入刀をして家族への決意を込めた感謝の気持ちを伝え、写真撮影をして式は終わりました。だいたい1時間くらいだったと思います。このくらいの規模で挙式できる場所が最近、増えてきました。10万円くらいでできるところもあるようです。私は親が支払ってくれましたが自分たちで払おうと思ったら10万円だって安くはないですよね。

そんな方には写真だけのプランも私は提案したいなと思っています。世の中には様々な事情を持った人たちがたくさんいます。そんな人たちにもできるだけ力になってくれる人たちがいます。そしてその方法の一つがウェディングドレスを着て記念写真を撮るプランです（フォトウェディング）。男性もタキシードやスーツなどレンタルで用意してくれるので新しく買ったりする必要はありません。

私は打ち合わせでウェディングドレスを着た妻を見て惚れ直しました。そして必ず幸せにしようと固く決意をしました。当日の妻は本当に美しく、挙式をしてよかったと思いましたし、改めて親には本当に感謝の気持ちでいっぱいでした。挙式は親孝行でもありますが一つのけじめだと思います。これから先の日々を二人で支え合って過ごしていくという決意と言ってもいいかもしれません。ですから私は経験上、記念写真だけでも撮っておいてほしいなぁと思います。

いい思い出になりますよ。ちなみに私は笑顔が苦手なのですが、撮影の際にクドいくらい「新郎さん、もっと笑顔で」と言われ続けた結果、かなり顔が引きつっています。まぁそれもまた楽しい思い出の一つです。

結婚はゴールではなく通過点ですが「通過した」という実感があるのはとても大きいです。結婚について真剣に考えるタイミングで挙式についても考えてみてくださいね。

一体験談一を受けて

［蔭山正子］

心のこもった挙式は素敵ですね。挙式や披露宴は、その規模や金額に関係なく、二人や親の記念になり、そして「必ず幸せにしようと固く決意」する効果もあるようです。一方で、冠婚葬祭での親戚付き合いというのは、障害のある方やその家族にとっては、気遣いが多く、また、病気を伝えていない親族がいるなどの事情もあり、気苦労が絶えない行事だと聞きます。金銭的にも、精神的にも無理のない方法で、記念になるものができるといいのではないでしょうか。

◉当事者である息子・娘が結婚したいと言うのですが大丈夫でしょうか？《親のお悩み》

相談

私には30歳の娘がいます。娘は統合失調症を発病しました。最近は、病状も安定し、2年前から地域活動支援センターで知り合った精神障害当事者の男性とお付き合いをしています。先日、娘から彼と結婚したいと言われました。彼はとても性格がよく、信頼できる方ですが、障害のある人同士での結婚という話に心配になっています。

当事者の考え

▼私も統合失調症を患っており、同じ病気の女性と順調に結婚生活を送っています。ですから、娘さんも大丈夫です。お子さんの決断を後押ししてあげてください。結婚も人生の一部です。たとえそれで病気が悪化してもそれはなにものにも代えがたい経験です。創意工夫をしていけば必ずその先に幸せはついてきます。何度も挑戦していいのが結婚だと思います。親の判断でお子さんの幸せを摘み取らないようにしてほしいです。子どもを送り出す準備は親の務めです。親の判断で結婚ができないのであれば子どもの自由はどこにあるのでしょうか。

▼私も精神障害があり、結婚しています。お相手の経済力・病状の安定度・相手がどんな人間か等によるとは思いますが、親はいずれ亡くなります。親が亡くなる前に、結婚して自分の家族をつくっていくのが子どものためだと思います。精神症状が悪化していると、思考力や判断力が低下している場合があると思います。娘さんが結婚相手をどう思っているのか、結婚したい理由はなにか、どのような結婚生活を送るつもりか等を聞き、娘さんが結婚を冷静に考えられているのかをみてもよいかもしれません。まずは否定せずに。

▼親御さんからすれば精神障害があるということで不安になってしまうお気持ちは分かります。私の両親も、私に障害があるということで結婚前は心配していました。ただ、まずお子さんに結婚したいと思える相手が見つかったこと自体を素直に喜んでほしいと思います。私の場合は、相手を自宅に呼んで両親と話す機会を何度か持ちました。よく理解したら、その上で、本人同士の意思を大切にしてもらいたいです。精神障害よりも親の過干渉が原因で結婚生活に支障が出ることもあります。どうか応援してあげ

てください。

体験談 リカバリーという考えに後押しされた

〔母、岡田久実子〕

娘が結婚について初めて口にしたのは、統合失調症の再発を経験した病状の激しいときでした。結婚したい‼と叫ぶように訴える娘の言葉に、「そうだよね……できるようになるといいね」と言葉では否定せずに受け止めていましたが、内心はとても無理だろうと思っていましたし、聞き分けのないことを何度も言い続ける娘に辟易（へきえき）してもいました。毎日、昼頃まで寝ていて、私が用意した朝食を食べ終わると部屋に戻って布団に潜り込むという、寝たり起きたりの生活をしていましたから、結婚なんて夢のまた夢としか思えませんでした。娘が結婚のことを口にするたびに、どうしたらあきらめてくれるのかとばかり考えていました。結婚を、現実離れした夢物語のように簡単に考えているのだろうと、私が勝手に思い込んでいたのかもしれません。

そんな中で、重度の精神疾患や精神障害があっても自分らしく生きる……「リカバリー」という考え方を知りました。病気が治らなくても、障害がありながらも、希望をもって生きることの大切さに気づきました。それまでは、どうしたらあきらめさせられるかとばかり考えていたのですが、結婚できるかできないかは誰にも分からないけれど、結婚したいという気持ちを応援することはできると考えるようになりました。それからは、娘とのやりとりに変化が生まれました。結婚したい‼という娘に、「そうだよね、結婚したいよね。どうしたら結婚できるようになるかな？」と問いかけると、娘は「今の私では無理だよね。全部お母さんにやってもらっているから」と言うのです。そして、「まず、ご飯を炊いてみようかな」と言い出し、寝たり起きたりの生活から、少しずつ家事に取り組む生活に変化していきました。今度はおかずづくり、次は洗濯というように、「やってみよう」……「やってみた」「できた!!」……を積み重ねながら、できることが増えていきました。それを続けることができたのは、結婚という本人が自分で決めた目標に向かう気持ち……希望があったからだと思います。希望に向かって動き始めると、不思議なことに病状も徐々に落ち着き、本来の娘の姿を取り戻していきました。その姿を見ながら、私は娘への信頼感を取り戻していました。幻覚や妄想という激しい症状を見せつけられてきた私は、そのような困難な病気を抱えた娘のことを、いつからか信じることができなくなっていたのです。「結婚したい、子どもを産みたい、仕事もしたい」と言われても、その気持ちは分かるけれど、この病気を抱えたあなたには無理でしょう、という気持ちがなかなか拭い去ることができずにいました。少しずつですが、毎日の服薬も自発的に行い、炊事や家事を何とかこなせるようになり、時々は笑顔も見せるように変化していく姿を見ながら、病状に翻弄されるばかりの娘ではなく、病状を持ちながらも自分なりに生きることができる娘の力を信じられるようになっていきました。

それでも、いざ結婚となると、心配な気持ちが膨らんできます。親元から巣立ち、それまでは他人だった人と生活を共にすることは、大きな環境の変化が伴います。でも、環境の変化に弱いことを自覚するようになっていた娘は、週末婚から始めることを考えました。始めは、「やっぱり慣れない場所では眠れない……」とこぼしていましたが、あきらめずに、半年程かけて新居での生活に移ることができました。それからは、調子を崩すこともなく結婚生活を続けています。

時間の経過と共に、結婚生活は楽しいことばかりではないことも経験しているようで、愚痴をこぼしたり、弱音を吐いたりすることも多々あります。私はといえば、愚痴でも弱音でも、話は聞くけれど、二人の生活に踏み込むことだけはしないように一線を引いています。娘の問題は娘自身が乗り越えていくべき問題、親である私は乗り越えようとする娘を応援する応援団の一人でありたいと思うのです。

精神の病気があっても、その症状から生活のし辛さがあったとしても、人を愛し、愛した人との生活を築いていくプロセスを歩むことは、人生を豊かにし、人としての成長にもつながっていく大切な営みであると思います。

体験談　結婚前に相手に病気のことを詳しく伝えた

〔母、加藤玲〕

23歳で統合失調症を発症した息子は、28歳で寛解し、1年後に減薬と就職を前にしたストレスで再発、それから2年たってクローズ（病気であることを伏せて）で契約社員として会社で働いていた。「この人と結婚したい」と言って、友人に紹介されたという女性を連れてきたとき、息子は33歳。結婚相手が現れるとは思っていなかったので驚き、「病気のことは話したの？」と息子に問うと、息子は「もちろん話してあるよ」と答えた。私は「お相手の方に、私からもきちんと話したい」と告げた。

そのとき、正直に話したら結婚話は壊れるかもしれない。そうなったら息子は悲しむだろう……などの危惧はあった。また息子自身は話したと言ったのだから、任せた方がいいという気持ちもあった。しかし息子がどこまで病気を正確に把握しているか、今は元気なだけに具合が悪かった時期を詳しく話す気にはならないだろうとも思った。また、結婚後に再発した配偶者を持つ人が家族会で「結婚前に発症していたのに、教えてくれなかった」「義父母もなにも言わなかった」「うつ病だと曖昧に言われていた」という話を聞いていたこともあった。

もし、話して結婚を断られたとしても仕方がない。精神疾患に偏見のある人と結婚して再発した場合はいい結果にはならないだろう。相手が騙されたような気持ちになるよりは結婚前にできるだけ正直に話すほうがいい。統合失調症がどういう病気か、妄想や幻聴が出ること、多分、一生薬を飲みながら生活することなど、二人を前にかなり詳しく話した。

結果的には、話してよかったと思う。彼女は「こんなに元気なのだから、薬なんて飲まなくてもいいのに…と思っていました」と言い、私は「薬を飲んでいるから、こんなに元気でいられるの」と説明ができた。そして「もし、あなたが、なにか変だと思ったら、必ず私たちに伝えて」と頼んだ。

半年くらいの同棲を経たのは、一緒に暮らしてみて上手くいかない結果になっても、彼女の籍に傷はつかないという思いもあった。その後、無事に結婚式を挙げ、「こんな幸せな日が来るなんて思ってもいなかった」と息子は言った。

息子は遺伝を心配したが「90%はなんともないのだから、余計な心配はしないこと。もしなにかおかしいと気づいたら早く病院に行く。とにかく可愛がって育てればいい」と話し、2年後に孫が生まれた。

孫が1歳を過ぎた頃、CP換算（抗精神病薬の量を計算するための方法）で25㎎というごく僅かの服薬を続けていた息子は、医師も「止めてもいいかもしれない」とのことで服薬を止め、半年後に7年ぶりに再発した。気づいた彼女からすぐに連絡が入り、私は息子夫婦の家に行って薬を飲ませ、すぐクリニックに行かせたが、仕事は辞めてしまう、妻子を実家に帰してしまうなどの大騒ぎになった。

幸い増薬して3か月ほどで病識を取り戻したものの、悪化したときの状態を初めて見た彼女のショックは大きかった。息子は1年半を失業保険と貯金を取り崩して乗り切り、就職活動を始めて半年後、今度は別会社の正社員になれた。総合職にという誘いを受けても、転勤や営業など大変だからと、給与は半分でもストレスが少ない事務職を続けている。困難はあったが夫婦生活は続いている。

よく統合失調症の本で「再発は怖くない」という言葉を見かける。家や作業所で過ごしている場合には、前兆に気づくことやその場合の対応を家族も本人も学ぶなど、再発は残念でも今後に生かせることも多いだろう。しかし、寛解して社会生活に戻っている場合、仕事や結婚生活の継続を考えると再発の影響は大きい。再発の体験者は、寛解してなんでもない日々が続いていても、服薬を止めるのは非常にリスクが高いと思う。

子どもは小学生になった。息子は大変に可愛がり、「子どもは親から離れていくが、親の子離れが大変だろうな」と笑っている。結婚も出産も正しい情報を学ぶことで、余計な心配はせずに、前向きに生きてほしいと願っている。

体験談を受けて

［蔭山正子］

岡田さんが、親からすれば無謀と思えた結婚という本人の希望を、「どうしたらあきらめさせられるか」ばかり考えていた背景には、病気になった子どものことを信じることができなくなっていたことがあると書かれていました。ある親の立場の方が、知り合いの当事者から「自分の子どもを無条件に信じてやれ」と言われ、その言葉を支えにしてきたと語られたことを思い出しました。「子どもを信じる」ことは、病気のある子の親としてはとても難しいことだと思いますが、とても大切なことだということを再確認しました。

また、結婚するということは、新たな家族となることであり、配偶者の方にいかに理解してもらうか、サポートするかということも重要になってきます。中には、当事者の実家から理解をえられず、配偶者が孤立してしまう話もよく聞きます。加藤さんの体験談を読んで、配偶者の理解と支援を考えていく必要性も再確認しました。

STEP 2 結婚してからの段階

◉一緒に生活を始めるとどのようなことが起きるのでしょうか？

相談

私は、精神障害があり、自分の生活リズムやペースが崩れると病状が悪化します。結婚すると一緒に生活をすることになりますが、うまくいくのか不安です。一緒に生活を始めるとどのようなことが起きるのでしょうか。

当事者の考え

▼共同生活することに不安になるのは分かる。私も障害がありながら結婚したので。一緒に暮らすと、生活ペースや食事の好みといった些細なことでぶつかりやすい。事前の確認に限界があり、そのつどの話し合い。お互いが常識としているものが違うから。一方で、いいこともある。用件の会話がたくさんあり話題に困らない、約束して出かけずとも会える、といったことかな。

▼私も障害をもっている人と一緒に暮らしたことがあります。楽しいことも嫌なことも起きます。お互いの一人の時間や空間をつくるのが私は大変でした。

▼共同生活をすると、料理、掃除、洗濯などの家事

を一人でやらなくても済むことになります。私も疲れてできないときや風邪をひいたときはパートナーに甘えています。きっちり分担するのも手ですが、得意なことを出し合えると、もしくは不得意なことを補い合えると一緒になってよかったなと思えます。そして、独身のときとは違い、一人の時間と二人の時間のせめぎ合いになります。どちらも大事な時間なので、フットワークを使って行ったり来たりしてください。

▼障害とはあまり関係ないことですが、一緒に暮らすと、自分の当たり前が当たり前でないことに気づきます。毎日、洗濯をする人もいればまとめて洗濯する人がいるように一緒に暮らし始めてから分かることがたくさんあります。当然、衝突することもありますよね。それは自然なことなので避けないでほしいと思います。そうして話し合いながら暮らしていくうちに自分が苦手なことはパートナーに任せたり、その逆もあったりと支え合うようになっていけると思います。水晶玉を思い浮かべてください。綺麗ですよね。でも水晶はもともといびつな多角形です。それを丁寧に磨いて丸くしていくわけです。二人の生活もそんなふうにお互いを大切にしながら少しずつ丸くなっていけるといいなと思います。

▼二人暮らしならなにかしらのできごとが二人にあります。それを楽しめるかそれともマイナスに感じるかで違いが出てくると思います。完璧な人はこの世に存在しないので、納得できないこともしばしば出てくるとは思います。お互いに助け合う気持ちがあれば、乗り越えられない辛いことはないと思います。

▼私はパートナーのことが大好きです。なのでひとりでいる日が辛かったです。たとえば用があって実家に帰って泊まってくると言われると「あぁ、一人の夜を過ごすのか」と考えてしまいます。一人でご飯を食べて一人で寝る。そのことが辛かったですね。二人でいることの楽しさを知ってしまうと、一人で過ごすことが辛くなってしまうんだなと同棲して初めて知りました。だいぶ慣れましたけどやっぱり辛いです。

体験談 二人の夫婦の形が見えるまで

〔吉川進〕

僕と妻とは今年で結婚して11年目になります。出会いは僕が当時、通っていた精神障害者のリハビリをする作業所に、妻がボランティアとしてやってきたことから始まります。互いの印象はいいわけではありませんでしたが、趣味の話で盛り上がり連絡先を交換しファミレスで食事をしました。僕の講演の原稿を読んだ彼女が涙を流していたのを見て僕の恋は始まりました。話の中で彼女が修道院でシスターをしていたことなどを知りました。半年ほどお付き合いして結婚することになりましたが、彼女は僕には恋愛感情はなかったそうです。妻によると結婚は恋愛感情という一時的なホルモンの高揚でしてしまうと幻滅することも多くあり長く続いていくものではないと。でも僕と結婚生活を送ってみたいという気持ちは強く持ったそうです。

彼女の母親は結婚には反対、父親は容認していたようですが、僕の母と兄は大反対で、この子は家ではなにもしない苦労するのは目に見えてるからと言っていました。しかし妻は自分で決めたら人の意見は聞かない頑固な面があるので結婚に踏み切りました。

育ってきた環境も習慣も違う者同士が一つの家で生活していると様々な困難が降りかかってきます。ある日、彼女がつくってくれた煮物を僕が汚く残して食事を終わろうとしたとき、妻は怒り気味に「私、そういうの嫌いよ！　大人なんだから、しっかりしなさいよ！」と声を荒らげました。僕はびっくりしてしまい気まずい雰囲気が流れました。そのときから僕の甘い結婚生活の理想は崩れ、妻と一緒にいることが苦しくなり、たびたび実家に帰る日々がしばらく続きました。妻と家にいても妻は仕事が激務になり忙しくストレスが溜まる一方で、あまり働かない僕とのいさかいは続いていきました。夫婦げんかも激しくなり、僕が真夜中に裸足で部屋を飛び出して駅のエレベーター近くでうずくまっていたこともありました。妻も耐え切れなくなり自ら精神科を受診し、うつ症状と診断されました。僕自身も精神的に参ってしまい何人かの支援者には離婚も勧められるようになりました。

しかし、一番信頼していた区役所のケースワーカーと教会の牧師先生は離婚をした方がよいとは言いませんでした。ワーカーは、ただ泣いて辛さを訴える僕の話を聞き、一緒に泣いてくれました。牧師先生は、今はまだ夫婦としての形ができていないけどお互いにゆるし合っていくうちに二人だけの夫婦のあり方が見えてくるとアドバイスしてくれました。妻も服薬を1年近く続け仕事量も減らしストレスを軽減させ、僕自身は仕事量を増やしていくなかでだんだんと二人だけの夫婦の形が見えてきました。たびたび実家に帰っていましたが兄からも実家にいくことを制限されるようになり夫婦が一緒にいる時間は増えていきました。

今、改めて想い起こすと、たくさんけんかもしましたが今までの育ってきた環境が違う二人がぶつかってけんかになるのは当たり前のことであり、それでも結婚生活を続けるために、お互いギリギリのところで譲り合うなかで絆は徐々に深まっていった気がします。

結婚して4年目に妻は妊娠をしました。そして12週目で胎内の赤ちゃんは心音が確認されない、けいりゅう流産と診断されました。僕たち夫婦は落胆して二人でお腹の中の赤ちゃんへの、お別れ会をしました。そして手術の日、麻酔を打たれて手術室に妻は入って行きました。数十分後、手術室から主治医と妻が出てきました。先生の言葉は直前に心音が確認できました、というものでした。赤ちゃんは生きていました。そして僕ら夫婦は、この長男の誕生を偶然のできごととは思えませんでした。神さまに救われた命だと感じ、この子を神さまの前に連れていこうと教会に通うようになりました。長男が生まれて3年後には長女が生まれ今は家族で教会で礼拝を捧げています。

お互い共働きで家事育児を分担しながら忙しい毎日をなんとか送っています。家族のために料理をつくり、美味しいと言ってもらうことが喜びとなっています。精神に障害がありながら生きていくというのは、やはり特別な人生だと思っています。しかしながら誰でも家庭を持ちたい、子どもがほしいというのは特別なことではないと思います。僕の妻は結婚の条件として病気が再発しないこと、自分にできる範囲で働くこと、子どもができたら家事育児を分担することという、一見厳しく見えるけれども前向きな見通しを提示してくれました。結婚することによって責任感、家族ができる喜び、を得ることができました。同時に結婚生活が安定するまでの、今思えば先に進んでいたけれど、当時は辛さしかなかった時期も必要なことではあったと思います。僕は結婚という選択を後悔してはいません。結婚をしなかったとしても充実した人生を歩むことはできると思いますが結婚を必要以上に恐れることはないと思います。

―体験談―自分の時間も大切に

〔野間慎太郎〕

私は基本的に寂しがりやなので夫婦でいる時間が一番、幸せなのですが夫婦生活が長くなってくると一人で過ごす時間も必要だと感じるようになっていきました。もともと私は趣味人間でもあり、ギターを弾いたりゲームをする時間が必要なのですが、私一人しかやらないことなので一緒に過ごしているときは控えなければと思って我慢しています。一緒にいるときにゲームをすれば妻はテレビを見ることができませんし、横でギターを弾いていればヘッドホンを付けているとはいえ、うるさいですから落ち着かないと思います。かといって我慢できるかというとそれはそれでストレスがたまります。二人で過ごしたいけど一人でやりたいこともあるという状況を解決するにはやっぱり話し合いだと思います。

我が家の場合、妻が休みの日は食事を妻が用意するのでその時間は私のフリータイムです。とはいえ優先順位はもちろん必要です。私のフリータイムには妻を手伝うという選択肢も入っています。結局は二人の関係性というか、ライフスタイルの問題なので正解はないと思います。

大事なのはあまり我慢しないことではないでしょうか。我慢してけんかになってせっかくの温かい生活に冷たい風を吹き込むのはもったいないというか、その原因がまたつまらないことが多いんですよ。ご飯ができたのにゲームをやり続けているとか、そんなことです。思い返すとそれはトリガーでした。要するに我慢し続けた不満が爆発するきっかけになっただけなんです。限界まで我慢すると、ささいなきっかけで大爆発を起こすんだなと学びました。

こんなつまらないことで離婚になったらばかばかしいですよね。だから私たち夫婦は一人の時間も大切にしながら二人で過ごす時間も大切にできるようによく話し合います。

体験談を受けて　〔蔭山正子〕

体験談を読むと、これまで異なる生活をしていた二人が一緒に生活するということはそう簡単にはいかないということが分かります。また、単なる生活習慣や価値観の違いに加えて、精神障害ゆえの生活リズムやペース、こだわり、疲れやすさ、臨機応変に判断することの難しさなども理解し合うまでに時間がかかる場合もあるでしょう。野間さんの体験談のように、障害に関係なく、一人の時間をもつことの大切さもあります。「限界まで我慢するとささいなきっかけで大爆発を起こす」なんてどこの夫婦にもありそうです。吉川さんご夫婦のように、けんかしても二人の形をつくりあげていくことが重要であり、それが絆を深めるまでの過程だということが分かると、これから一緒に暮らそうとする人も少し安心できるかもしれません。

夫婦で生活するということに障害の有無はあまり関係ないように思いました。お互いできることをして、助け合う、そして自分たちのスタイルをつくっていくということは、障害があってもなくても同じだと思います。配偶者との関係で肝心なことは、配偶者が「ケアラー」にならずに、「パートナー」であることなのではないでしょうか。

◉実家に同居するか、二人で暮らすか迷っています

相談

私自身障害があり、福祉事業所に通所しています。障害のある女性ともうすぐ結婚することが決まっているのですが、新居をもつか、親と同居するかで迷っています。親と同居すれば家賃が要らないので家計は楽ですが、二人で生活してみたいという気持ちもあります。どちらがよいのでしょうか。

当事者の考え

▼私は新居で二人の新婚生活を始めました。結果的に、二人暮らしでよかったと思います。お金や食事の面では大変かもしれませんが、それも楽しかったりします。やはり、親も親で気を遣うようです。

▼私は、二人暮らしをしました。経済的に可能なら二人で暮らして相互理解を深めたり、思い出を増やすのがいいのではないでしょうか。出産や親の病気などで二人で過ごせないときは来ます。親に遠慮することなく、たくさん話し合って二人の関係性をつくるには、どちらかの実家で生活していては難しいと思います。私も障害があって、片づけが苦手なので、親にサポートしてほしいという気持ちはあります。その場合、別居でも親からのサポートを受けられないか、または、親以外からの支援を得られないかを検討してもよいと思います。

▼妻の親と同居し始めた当初は、二人の時間が欲しかったので辛かったですが、今となっては親に家事も手伝ってもらっていて助かっています。

▼実家に同居すると一人でしなくてはいけない負担が減ります。学ぶことも多いと思います。もっともっと社会的にも人間的にも成長したいと思うなら同居をお勧めします。実際、妻は料理を学んだり、旦那の育った環境を知ったりよかったと言っています。また、実家で同居すると毎日多くの人に素の自分を見せることになります。気を遣い過ぎると長続きしないかもしれません。今の自分でいいのだという自己肯定感を強く持たないとプレッシャーを感じて病状が悪化するかもしれません。どこまで自分らしく自然に振る舞えるかが大事になってくると思います。

〔根本俊史・響子〕

―体験談―同居から二人暮らし

結婚を決めた後、住むところは数々のアパートを見て回り、県営住宅に応募したりしました。アパートは、なかなか納得する物件が見つからず、県営住宅は何か月か先にならないと住めないため、はじめは別居婚を考えていました。6月20日に入籍して夫婦となったのに一緒に住んでいないことに妻が違和感を感じ、また、経済力に不安がありました。そんなさなか妻が修業もかねて6月末に私の実家に引っ越ししてくることになりました。私の母と私たちの3人暮らしがスタートです。妻は仕事をしながら母に料理などを学んで大忙しでした。私は週に1回の清掃業務と小説を書くことが仕事で、また妻のサポート役です。清掃業務から帰宅すると夜になるため、私が働いている間、母と妻で雑談をしながら過ごしていたそうです。妻は仕事帰り、ときどき洋服などの買い物を駅前でしてきて気分転換していました。私たちの収入は、障害年金と給料でした。お小遣いは、母の家に暮らしていたため結構たくさんありました。生活費は私が母に3万円払うことにしました。妻も気持ちばかりを母に渡していました。そんなわけで上手く家庭の経済は回っていました。

妻が仕事を辛くなって辞めると家に3人がいるよ

うになりました。妻は料理などもうできるようになっていたので二人暮らしをまた考えます。母の力を借りた分、今後は夫婦で自立したい気持ちが強くなり、二人は思ったら行動で、すぐにアパートを見つけました。結婚して1年半後のことです。

妻は地域活動支援センターで掃除の訓練をしていました。私は二人暮らしになったので一応、就職を考えました。そして4月から障害者雇用で働き始めます。妻は私の代わりに清掃業務の仕事に就きました。

その後は順調かといえばそうではありません。私はもともと子どもが欲しかったのでその話をしました。しかし妻は逆です。妻とぶつかり合い、その後、家族を巻き込んでの話が二転三転し、結局、つくらないことに決めました。

二人暮らし2年目は車を買うところから始まりました。私は過去に自分の好きな車を買った経験があるので、今回は車選びを妻に任せました。それからはドライブが二人の趣味になりました。一番遠くて横浜から兵庫県の妻の友達の家まで遊びに行ったことがあります。そんな感じで平和な二人暮らしが戻ってきたのですが、仕事を始めて2年が経とうとしたころ、私はあることにぶち当たりました。私が学習障害であることが分かったのです。不安定になったわたしは子どもを育てることもできないし、働いている意味が分からなくなり、小説を書くと言って仕事を辞めてしまいました。妻は文句も言わずに辞めることを認めてくれました。

今はいろんな出会いを経て、雇用契約を結ばない謝金をもらう形で社会貢献をしています。結婚してなにが変わったかというと、子どもをつくることをあきらめたことです。二人で十分楽しいし、趣味に時間とお金を使えるからです。

［松田優二］

僕は55年の人生で3回結婚している。結婚というか恋愛の秘訣は、「あなたがいないと死んじまう」オーラだと思う。

最初の結婚は27歳のとき。ある生命保険屋のクリスマスパーティーで結婚相手を見つけるつもりで臨んだ。会場入口で、500人近くの女性をチェックしていた。背中の綺麗な子だった。瞬間で決めた。この子と結婚すると。パーティーが始まると速攻で口説きに行った。なんせ敵は500人近くいるのだ。商談は成立し新宿2丁目のゲイバーに直行した。真面目なお嬢様だった彼女にとって、ゲイバーは衝撃だったようだ。2度目のデートで、海岸線でプロポーズした。なんと彼女の答えはイエス。僕は天にも昇る気分だった。ちなみに彼女は健常者だった。病気の告白はしようがなかった。なにせ僕自身も知らなかったので。結婚当初、収入は彼女が僕の2倍だった。バブリーな時代の証券会社にいたため、ボーナスが月給の10か月分だった。勝てるわけない。金貸しの運転手だった僕が（笑）。

マスオ（妻の実家に同居する男）をやっている途中で躁うつ病（双極性障害）だと分かった。彼女のご両親は病気への理解があった。うつ状態のときは静かに眠らせてくれた。もちろん彼女も妹さんも。そんななか、僕は躁状態とうつ状態を繰り返した。躁状態で仕事を決め、働きすぎて仕事を辞め、うつ状態へと堕ちる日々だった。僕の人生は躁うつ病との戦いだと思っていた。病気を敵と思い、戦っていた。3年周期で躁状態とうつ状態を繰り返していた。躁状態のときは、できるだけ刺激的なモノ、刺激的な場所には意図的に近づかないようにしていた。うつ状態のときは、眠くもないのにほとんど私は、1日中布団から出なかった。

お義父さんは完璧な亭主関白だった。たとえば毎日、晩酌するのだが刺身が出ていて醤油が出てないと「醤油がなくて、どうやって刺身を食うんだ」と怒鳴る人だった。ある意味いつもピリピリしていた。マスオはキツかった。うつ状態のときの僕らは食わせてもらってたのだから。

10年間の結婚生活だったが一番素敵だったのは子宝に恵まれたことだった。25歳の息子と21歳の娘がいる。繰り返しになるが二人は僕の唯一の宝物だ。いまだに娘に逢うときはドキドキする。

結婚の結末はあっけないものだった。マスオに耐えきれなくなった僕は躁転して家出した。家出した僕に対し「あいつを殺す」とお義父さんが言っていたと聞いたとき、理解の浅さを実感した。当時は僕自身も病識がなく、うまく説明できなかった。お義父さんは僕が家族を捨てたと思い非常に憎み、躁転したための家出だったとは考えられなかったんだと思う。

健常者との結婚のメリットは、二人とも病気で堕ちることがないこと、デメリットはどうしても病気を理解しきれないことである。あなたがどちらを選択するかは、あなたが決めればいい。

今は55歳になり、病気と寄りそうことを覚えた。躁状態の絶頂で味わう幸福感は、まさにゲーテの言うところの、「私は人の2倍の人生を味わった」。うつとは躁で味わう幸福感の代償だと思っている。これからも躁うつを楽しんで人生を送りたいと思う。

一体験談一を受けて　［蔭山正子］

私は、結婚すると二人暮らしをするものだと思っていましたが、結婚した当事者の集まりでは、実家で同居している家族も多いことを知りました。お二人の体験談を読むと、同居すると経済的に助かりますし、家事を手伝ってもらったり、また、教えてもらういい機会にもなることが分かりました。二組とも実家に同居して生活できたのは、病気のことを比較的理解してくれるご家族に恵まれていたという背景もあるでしょう。躁うつ病（双極性障害）の松田さんは、躁転（躁状態になること）したときに同居に耐えられなくなって、家出をしてしまいました。理解あるご家族でしたが、そのときは「あいつを殺す」と義父に言われてしまいました。分かってもらえなかったと思う気持ちは分かるのですが、周囲の立場からすると、家族という近い関係だからこそ、病状だと割り切って考えることが難しくなると思います。私も当事者の知り合いから、「もう連絡するな」と突然言われて、悲しい想いをしたこともあります。病気がしたことと頭では分かっていても、悲しくなります。病状が悪くなったらどうなるのか、事前に教えてくれると心の準備ができるのではないでしょうか。

◉パートナーが病状不安定になったらどう対応すればよいでしょうか？《パートナーのお悩み》

相談

私の夫は、統合失調症を患っていて、病院に通っています。普段は、明るく、穏やかな人で、事務の仕事も順調にいっています。ところが、最近、仕事が忙しく、イライラしていることがあります。私自身、精神疾患に罹患したことがないので、病状が不安定になったらどう対応したらよいのか分からず、不安です

当事者・パートナーの考え

▼まずは薬を飲むことが大事です。私も統合失調症の当事者ですが、薬は忘れずに飲むように気をつけています。頓服が有ればそれを服用してください。それでも落ち着かない場合は迷わず救急車を呼ぶのも大事です。暴れてしまっている場合は自分の身の安全を第一に考えましょう。でも、判断がつかないと事前に分かっていれば、緊急時の相談相手を決めておくことも大事だと思います。いつも周りに仲間を用意しておきましょう。

▼私の経験から言うと、病状不安定になる時期があるなら、その時期はゆっくり休むことを優先することが大切です。新しいことを始めるとか変化のある生活はなるべく避けたほうがいいと思います。変化のある生活は、ストレスを伴います。当事者の病状

不安定には、専門職の支援者に早めに相談することと主治医に処方してもらう薬を主治医にゆだねることもいいと思います。

▼うちの妻は泣いて暴れることがあり、最初のうちは対処の仕方が分からなかったので戸惑いましたが、生活していくうちに抱きつくと落ち着くことが分かり、対処できるようになりました。

▼そういうときこそ、当事者にどうしてほしいか聞いてみてください。不安定になる前に過去の病状のことを聞いておけば、あなたの気持ちの対処も変わってくると思います。医療保護入院*のサイン（医療保護入院の同意者になること）は個人的にはお勧めしません。私の知り合いで、その後関係が悪くなった夫婦がいます。医療保護入院は強制入院ですから、なるべく予防したほうがいいと思います。あなたが困っていること、不安も共有しつつ、パートナーへの医療への向き合いを尊重してほしいです。長い目で見てください。

▼結婚前にはどう対応していたか、頓服や主治医相談などを事前に確認する。個人差が大きいので相手にどうしてほしいか、そっとしてほしいのか病院に行くよう促してほしいのか、服薬状況を確認しておいてほしいのか、話し合いをしておく。病状不安定になる要因を分かる限り確認しておく。

［妻、野間里美］

*医療保護入院とは、精神科の入院形態で、精神保健指定医の判断と家族等の同意によって成り立つ強制入院の一種である。結婚している場合は通常配偶者が同意する。家族に入院させられたと思うことも多く、家族間の関係悪化につながることが問題視されている。

―体験談―元気なときに話すことが一番大切

（この原稿は妻の里美に聞き取り形式で行ったものを夫の慎太郎が原稿に起こしています。）

一緒に生活をしている今だから思うことなのですが夫の体調が悪くなるという不安があるので年に何度かは一緒に病院に行って先生に話を聞いておくことをしています。主治医がどういう人なのか、夫の関係性はどうなのかということを知っておくことで私も安心できます。

今の主治医が見つかる前は診察室に入れなかったり、入れたとしてもなにも教えてくれないような雰囲気だったので、そもそも夫がよくなっているという実感すらありませんでした。まだ結婚する前でしたが、そのころの夫は常に体調が安定しない人でした。そういう経験があるのでパートナーと主治医の関係性を知っておくことは安心につながりました。

夫は双極性障害で躁転はほとんどしないのですが時々、特に冬になるとうつになってしまいます。なので普段の話の中でうつが出たときに私がどうしたらいいか、夫がどうしてほしいかを確認しています。我が家の場合は私が仕事の日は食事をつくるのは夫なのですが、うつがひどくなるとそれも難しいときがあります。そのときに夫ができないことに対して責めない心、許してあげる心構えをしておくことも必要なことだと感じました。普段はできていることだから体調が悪くてできなくなるのは仕方がないし、それは私が風邪をひいたり具合が悪くてできないときに夫がやってくれるのでお互い様です。大前提として夫が体調管理についてしっかりとしていることがあり、不調のサインも自分から伝えてくれるので私は基本的にそれに合わせています。

一人で出かけるのがつらいときは一緒にでかけたり、大きな音を出さないようにしたりして、ほどほどに構えるようにしています。そのときに多少、自分の時間が取れなくなったりしてもそのストレスを夫にぶつけないようにして一人の時間がつくれたときに発散すればよいので。

私自身がそういうときに対応できる余裕を持っていられる状況をつくっておくことも大切です。

夫に対して食事がつくれないならできるだけ早めに伝えてもらうことで対応する時間、考える時間をつくることができるので無理せず、我慢せずに言ってほしいと伝えてあります。夫は責任感が強くどうしてもギリギリまで考えて我慢してしまうところがあるので、私から、言っても大丈夫、むしろ言ってくれないと困ると促しています。

私が一番、大切にしているのはこういう話を元気なときにしておくことだと思っています。元気なときであれば冷静に落ち着いて話し合えるからです。体調が悪くなってからではなく日常的に話をしておくという積み重ねで夫に対して私がどうするのがいいか分かるので私自身はいつも通りの生活を送ることができています。

―体験談―を受けて

［蔭山正子］

里美さんのように主治医にとき折会って、病状説明や対応について聞いておくことは安心につながることだと思います。私は、精神に障害がある人の配偶者・パートナーの支援を考える会の運営に関わっていますが、そこに来られる配偶者の方の中には、主治医に会ってもらえない、配偶者の話を信じてもらえない、という経験をされる方がいます。一番身近にいる家族ですから、主治医にはぜひ配偶者の話を聞いてもらいたいと思います。

病状が悪化してもよくなると、ホッとして忘れてしまいますが、そうではなく、次に備えて、元気なときに話し合っておくことが一番大切と里美さんもおっしゃっていました。それは配偶者だけでなく、親など周囲の人みなに言えることだと思いました。当事者自らが病状悪化時を振り返り、家族など周囲の人と話し合って、クライシスプラン（病状悪化時のサインや対処法の計画）を作成している方もいます。

◉結婚生活がうまくいかなかったらと思うと不安です

相談

私は病気がありながらも、好きな男性と結婚して幸せな生活を始めることができました。夢のようです。でも、もともと先読み不安が強く、最近になって、この結婚もうまくいかなくなるのではないか、不倫されたり、離婚になったりしたらどうしようと漠然とした不安を感じています。

当事者の考え

▼私たちは二人とも統合失調症を患っています。特に不倫や離婚を心配したことはありません。私は相手の幸せを一番に考えるようにしています。そして、相手が幸せになれる方法を考えて応援しています。結婚生活が上手くいっているのはお互いが信用し合っているからだと思います。不倫や離婚の心配は、結婚の責任である相手を信用するということや、相手の幸せを一番に考えることをしなかったときに起こります。相手になんでも隠さず話している、相手が好きだ、相手の笑顔のときが多い、そういうことを大事にして私は結婚生活を送っています。たまにはけんかもしますが、時間をおいて、お互いが謝るのも結婚生活が続いている要因だと思います。

▼たとえば電車や飛行機に乗るとき、事故に遭ったらどうしようと考えますか？　当たり前のように電車や飛行機に乗ることができるのはなぜでしょう？　それは運転士やパイロットを信頼しているからだと思います。不倫や離婚について心配する気持ちも似ていると私は思います。一人で抱えていると、どうしても悪いことばかり考えてしまいがちです。そんなときは二人の幸せを支えてくれる人たちの力を借りましょう。そしてなによりもお互いを信じましょう。たとえば電車が遅延したり運休するのは大きな事故を防ぐためです。お二人も時々、立ち止まりながら、休みながらでいいと思いますので、信頼関係を深めながら安全運転で人生を共に歩んでいってくださいね。

―体験談―嫉妬妄想で破局へ

〔松田優二〕

当事者同士の結婚だった。最初は友達から奪い取るほどの勢いのあった恋愛からの結婚だった。結婚当初、僕も彼女もテンションマックスだった。毎日が身も心も天国だった。二人ともフルタイムで働いていたので経済的にも楽だった。

しかし、そんな生活は長くは持たなかった。

友達に彼女として紹介されたときには、既にアルコール乱用だった彼女は段々、アルコールに溺れるようになり僕は逃げるように仕事にのめり込むようになった。彼女はアルコールでＯＤ（過量服薬）をするようになり、仕事中に何度も警察から電話がくるようになっていった。

統合失調症で嫉妬妄想もひどかった彼女は僕が酒を飲んで帰ると素っ裸にして体中の匂いを嗅いだ。浮気を疑ってるのだ。「ラブホの匂いがする」と騒ぎだし、してもいない浮気を責め立てる。僕の携帯は勝手に見るわ、ＳＮＳは読むわ、写真も見るわだった。そしてそのつど発見した女性の影で僕を責め立ててきた。二人で外出すると、他の女の子のことを見ることもままならなかった。ある日、会社に迎えにきてくれたとき、同じビルに入っていたカフェで待ち合わせた。奥の喫煙席に座った彼女を確認しトイレに行った。トイレから戻り彼女のもとに行くと、ひとこと「今トイレで綺麗な人、口説いてたでしょ」。こんなことは日常茶飯事だった。対処としては、とにかく異性の影を消すしかなかった。激しい新婚生活だった。女性に怒鳴ったことのなかった僕が彼女とは怒鳴り合った。8か月続いたテレアポの仕事も辞めた。彼女は僕の女性上司に電話して浮気を罵倒した。もちろん嫉妬妄想だった。

二人とも受診も服薬もしていた。今になって考えると、同棲中にもっといろいろお互いに相手の病気について理解する努力をすべきだったと悔やむ。あとになっていろいろ聞くとアルコール問題の背景には、家庭環境に問題があったようだった。認知行動療法やＷＲＡＰ（元気回復行動プラン）などを受けさせ僕自身も彼女の「元気に役立つ道具箱」や、症状が出る前の「トリガー」（引き金）などを理解して支えてやれなかったのかと今では後悔ばかり。僕の場合、元気箱はお気に入りのコーヒーを飲みながらお気に入りのタバコを吸うことである。トリガーに関しては今でも全く見当がつかない。ある意味そこが一番辛いかもしれない。

体験談　生きてても仕方ない

僕は小さな失恋は何度となく経験しています。そのときは、あまり落ち込まなかったのですが、大きな失恋を二度しています。

1回目の失恋は、20歳の時の彼女で、立ち直れないほど心を打ち砕かれました。そのときは仕事をしたので、仕事と彼女の子どもの養育費を払うことに没頭しました。水商売という仕事柄、お客さんとの会話や専門家などのカウンセリングを受け、なんとか持ち直した感じです。

2回目の大きな失恋は、2018年7月9日にやってきました。18年連れ添った、彼女に突然、別れを告げられたのです。これには大きな失望感とこの先「生きてても仕方ない」と考えました。別れを告げられた瞬間、僕は過量服薬して病院に運ばれました。彼女に依存していたんだと思います。依存とは僕自身の中では彼女が、ずっとそばにいてほしい状態です。

カウンセリングを受けてて、カウンセラーには、あなたは依存体質だからもっと彼女との距離感を保たないとダメと言われていたんですが、それも無理だったようです。

僕は今、友達とYPS（横浜ピアスタッフ協会）の方に救われています。それは人とのつながりです。僕は異常に寂しがり屋なんです。だから人とのつながりが命のつながりになってるのではないかと思います。友達は、僕が家に来てほしいと言ったら、可

〔広瀬玄武〕

能な限り来てくれます。夕飯も僕が一人だと食べないので可能な限り一緒に食べてくれます。YPSの方々には生きててほしいと直球で言われたこともあります。これは友達にも言われましたが……。「人は誰しも生きてる価値はあるんだ」と言われた言葉が頭から離れません。

YPSに出入りするようになって「いつでも相談にのります」と言ってくれたり、優しく手を差し伸べてくださる方にすごく救われます。それがなかったら今、僕は、この世に存在してないと思います。こんな僕でも心よく受け入れてくださる友達とYPSの方々に感謝です。人とのつながりは本当に素晴らしいことなんだと痛感させられました。そのつながりがある以上、僕は過量服薬もしないし自ら命を断つことはないと思います。本当に感謝です。これからの恋愛はまだまだ勇気はないけれど、もし恋愛したら相手に依存しないことでしょうか。それも、難しいけれど、そうするしか方法がないと思います。

一体験談一を受けて

［蔭山正子］

結婚しても多くの場合、順風満帆にいくわけではないので、お二人のような波乱や「生きていても仕方ない」と思うような悲しみに襲われることもあるのだと思います。それでも、お二人とも、過去の相手との思い出も大切にされていて、人を愛することに今も生きる意味を見出していらっしゃる方たちです。人を愛するということの奥深さを感じずにはいられません。

結婚がうまくいかなくなったときに離婚という選択肢がでますが、民法第770条1項は、離婚しうる事由として次の五つをあげています。①配偶者に不貞な行為があったとき、②配偶者から悪意で遺棄されたとき、③配偶者の生死が三年以上明らかでないとき、④配偶者が強度の精神病にかかり、回復の見込みがないとき、⑤その他婚姻を継続し難い重大な事由があるとき。④の「強度の精神病にかかり、回復の見込みがないとき」ということが入っているのです。回復の見込みがない疾患であれば他にもありますが、精神病だけ特別扱いされています。この規定によって、精神科病院に入院した事実を離婚要件として悪用されることがあり、重大な問題だと思っています。

STEP 3 子どもをつくるか決める

◉育児は大変ですか

相談

私は、最近結婚しました。夫は、子どもが欲しいと言うのですが、私には精神障害があって、家事をするだけでも大変です。子どもが欲しいという気持ちはありますが、やはり育児は大変でしょうか

当事者の考え

▼子育てに不安になるお気持ちよく分かります。私も生きる気力もない時期がありました。もちろん母親になる自信なんてありませんでした。ところが思いがけず、早くに妊娠し、母親になりました。いろんな人に助けてもらってなんとかですが、育てています。子どもの愛くるしい顔を見て、「生きててよかった」と初めて思えました。

▼僕は統合失調症を患っています。もともと子どもが大好きなので、ミルクをあげることや、沐浴も大変と感じたことはありませんでした。息子なので、小学生になると、一緒にスポーツをすることも増えてきました。僕の場合は、中学生になると学費もか

かってくるので、しいて大変といえば学費のことです。

▼私は統合失調症を患っている、父親です。子どもが小さいときは、夜間授乳もあり母親は大変だと思います。保育園の入園手続きなどの事務は自分は苦手なので妻に頼っています。私はできることをしています。夫婦で子育てに関してよく話し合い、考え方を一致させることが大切だと思います。

▼私はまだ子育ての経験はありませんが、不安なお気持ちはよく分かります。私にも精神障害があり、十分な睡眠をとることが体調を整えるために欠かせません。しかし、育児といえば、睡眠不足は大前提の24時間仕事です。幼少時の世話だけではなく自分と合わない人間であっても放り出せず同居を続けないといけません。自分の親にどうしていたのか聞いてみるのもいいのではないでしょうか。

▼病がありながら育児をしている父親です。ピアヘルパーとして当事者を支援した経験もあります。その経験から思うことは、子育てについて思うのは個々の状態や状況に応じた適切な支援が必要だということです。サービスを求めすぎると自分でできることも、やってもらおうかと考えてしまいがちです。ピアヘルパーは、子育ての労苦や喜びを感じてもらうために障害者の自立能力を妨げないようなサービスです。僕はピアヘルパーを11年やってみて利用者の希望をホイホイとやってあげ過ぎてしまってできることの範囲をスポイル（だめにしてしまうこと）してきてしまったと反省しています。あくまで子育ての醍醐味を感じてもらうためのサービスがあればと感じました。

—体験談—生きることの尊さを感じる日々

私は、統合失調症の当事者であり、現在3歳の子どもをもつ父親です。立ち会い出産を経験させてもらえてよかったなと思っています。親という役割を通じて生きることの尊さを感じる日々です。

［山田悠平］

私は日頃は、精神障害当事者会ポルケという団体の代表を務めています。おかげさまで比較的症状は安定してきました。実は私は入退院を4回経験していて、思うようにコンディションが整わない時期も長かったです。

親という経験は日々新鮮な気づきがある一方で、戸惑いも感じています。息子を抱くときはとても緊張したものです。それまでに、記憶の限りでは赤ちゃんを抱っこしたことがありませんでした。

子育ての経験は一言では言えないような、人生観まで変化を与えてくれています。「パパ、なんで怒っていたの？」と聞かれると、ハッとした思いにさせられます。息子よ、いつもありがとう。育児は、綺麗事だけでは済まない苦労を感じることもあります。オムツ替えにごはんづくり、保育園の送り（今のところ、迎えは主に妻の担当です。もちろん、全部が全部きれいに分担はでききれてはいないのですが）。特に、耳元で泣かれるというのは、なかなかしんどいものでした。思わず涙したこともありました。私は精神障害の影響で、疲れているときや体調全般がよくないときに聴覚が過敏になることがあるようで、それをより自覚しました。

息子は、平日は保育園に通っていますが、園での日々の友達の話も片言ながら、報告してくれます。こちらの投げかけにも返事をしてくれるようになりました。成長を感じる日々です。

最近、考えていることは、私の障害のことをどのように、いつ伝えるかということです。一緒に過ごす中で、息子も幼いなりに、きっとなにかを思っていると感じています（親バカでしょうかとも思います）。

［猫柳ゆーぎ］

一体験談一　可愛い息子

私は、解離性同一性障害をもち、旦那は統合失調症を患っています。現在、15歳の息子、私の母（息子の祖母）の4人暮らしです。

息子が幼少期の頃は、息子からは祖母にあたる私の母が保護者として育てました。旦那は粉ミルクをあげたり沐浴させたりしていましたが息子の母離れは早かったです。私は息子の食べたい物やほしい物を揃えられると、してやったりな感じでいます。育児らしいことしてなくてごめんなさい。

辛かったことと言えば、お金の問題ですね。食費や学費などです。服も成長につれ買い換えないといけないし。食べる量も半端なく増えました。朝・昼・夕・晩・夜食は食べますからね。私たちの場合は義父母、生活保護などで制服やランドセルはサポートを受けました。あとはできるだけ安い物を仕入れて質より量で現在もやっています。障害年金にも子ども加算がありますので助かっています。

自殺企図がある私なので、妊娠中はよく大量服薬しなかったなと思います。ここだけの話、現在でもしょっちゅうしでかしております。出産後に起きた変化は人付き合いができるようになりました。学校・自治会・福祉などです。そこから人脈が広がり、ピアサポーターやボランティア、ゲートキーパー、体験発表などをさせていただいていて、その中でこの本にも携わっています。

多分息子がいなければとっくに離婚していると思います。けんかしたときにバッサリ切り捨ててくる我が息子。あ、ここ笑うとこです。あとは活動力の源になってくれていますし、なにげない息子の言動に癒されてもいます。「まーたけんかしてるの？ママだけ来ちゃえば？」というのは別の世帯だった時期が6年程あり、保育園児だった息子に言われました。

また、旦那と言い合いになったときにこんなことが。「母ちゃん、分からないこと言ってる？」と聞いたら、「みんな分からんこと言ってるけど」と言われました。みんなとは私と旦那と祖母のことです。別の日に「家出したいなぁ」と言ったら「みんなで居りゃいいじゃん、めんどくさいから」と。

息子と一緒に出かけることもあります。友達みたいな感じですね。息子は私にとって一番の理解者です。……私が勝手に思ってるだけかもしれないけど。似なくていいとこ似てるのに誰に似たのか超がつく現実主義者。そんな可愛い息子の名言を一つ。

「大きな夢は要らない。届く目標を目指す」14歳くらいの小僧に言われました。息子のほしい物は揃えてやりたいし、やりたいことは叶えてあげたい。息子（子ども）は可愛くて仕方ないです。そんなうちの息子はツンデレ。そして息子のことなら大体のことは受け入れられる。なにより私よりしっかりしている。

可愛いです。誰よりも。

―体験談―　周囲の人と子ども自身に助けられて

〔吉川進〕

我が家には7歳の長男と4歳の長女がいます。長男は自閉症スペクトラムがあります。僕は23歳のときに統合失調症を発症し2度の入院歴があります。妻は障害はありませんが身体はあまり丈夫とは言えません。僕は今年で55歳になるので正直なところ毎日の子育ては、しんどいです。状態が不安定なときもありますのでなおさらです。

朝、目覚めても、すぐに活動できないこともあるので子どもたちの送り出しは妻に負ってもらうことが多いです。長女の登園は僕が連れて行きますがバスに乗り、電車を乗り継ぎ、歩いて15分程の保育園に通っているので大変ではありますが長女とふれ合う時間は楽しくもあります。注意力が散漫になっているときもあって長女がエレベーターに手を挟んでしまったり電車とホームの間に落ちそうになったりと危険なときもあります。普段、教会に通っているのでエレベーターに挟まれたときは伝道師の先生がすぐに病院にきてくれて送っていただいたこともありました。日々の子育てで夫婦が互いに疲れてしまっているときには教会の兄姉の家庭に長男が泊まりに行かせてもらうことも何度かあります。また、僕らの子育てを応援してくれるのは僕と同じ障害の友人たちであったりします。子ども二人を連れて山道をスイミングスクールに連れて行くときなど僕が大変そうなのを見かねて友人がついてきてくれて子どもと遊んでくれたこともあります。長男の小学校の運動会に友達がきてくれたり保育園の迎えも友人と一緒に行ったりもします。障害者生活支援センターやフリースペースに子どもを連れていったりするときも、精神障害のある仲間たちが一緒に遊んでくれたり動物園やカラオケに一緒に行ったり、様々な面で助けてもらっています。子どもたちも友達になついていますし、幼い頃から困難を抱えた障害のある仲間たちと触れ合ってきたことは、子どもたちのこれからのためにも有益な時間だと考えています。メンタルに困難のある親の子育てには様々な試練もありますが、周囲の方々と一緒になって足りない面を補い合えたら、あるとき、ふと子どもたちの成長を感じて、周囲の方たちのありがたみを家族で感じている日々であります。

長男のムン（仮名）は妊娠12週目のときにお腹の中で死んでしまっていると診断されました。死んでいるムンを摘出する手術の直前に心音が確認され九死に一生を得、生まれてきました。その3年後に長女のツナ（仮名）が生まれ吉川家の凸凹な子育てが本格化していきました。僕は統失（統合失調症）で妻は健常者。頼りない僕としっかり者の妻は、よくぶつかり合いました。子どもたちの前で激しく口論になることも度々ありました。夫婦げんかでいたたまれなくなった僕は部屋を飛び出し友人のマンションで一晩過ごしました。朝になって仕方なく団地の部屋へ帰るため坂を登っていると保育園に登園する途中の妻とムンとツナにバッタリ出くわしました。子どもたちの顔を見ていると家出したことに後悔の念が湧いてきて僕は人目もはばからずボロボロと涙をこぼして泣いていました。子どもたちは不思議そうに僕を見、妻は恥ずかしいから、あっちで泣いてと言いました。

部屋を整理していたら、そのときにムンが拙（つたな）い字で書いたハガキが出てきました（図のとおり）。

おとしゃんへ
おとしゃん　だいすきだよ　かえってくれたね　おかしゃんとなかなおりしてね　もう　いえでしないでね　だいすきだよ　おとしゃん♥
ムンより

子ども心に胸を痛めてたんですね。またムンには、こんな優しい面もありました。けんかして不安定になった僕が取り乱してうつ伏せになって泣き喚いていたときにムンが僕の背中を揺すって、「おとしゃん、おとしゃん、落ち着いて〜落ち着いて〜、リンゴあげるからぁぁ！」と叫んでました。ムン、おとしゃんが好きなのはリンゴじゃなくてバナナだよ。

子どもを育てていると、こんな楽しいエピソードもあります。

ツナが保育園で歌ってる童謡でポケットという歌詞があるのですがツナはポケットと言えずにヒコッポと歌うので夫婦で面白がってヒコッポの歌を常にリクエストして歌わせてました。あるとき、ツナが言いました。

「喜ぶから歌ってあげてたけど、ツナ、もうポケットって歌えるんだけど……」親に気を遣って歌えないフリしてたんですね。

またムンが学校で母の日のお母さんへのメッセージを書くことになり、「おかしゃんへ　おかしゃん、いつもありがとう。おかしゃんが居ないと、この家は回りません。おとしゃんはYouTubeばかり観てダラダラしているだけです」と書いて、先生にお父さんをそんなふうに書いてはいけませんよと注意されて消したそうです。ムン、それは違うだろ。おとしゃんだってできる限り家事育児に頑張っているんだよ。

その他にも育児には笑いあり涙あり様々なことが起こります。ムンと僕の共通するところは『ブラックジャック』が好きで夢中になって読む点です。カラオケなども二人で行って楽しんでいます。ツナとは保育園の迎えにいった帰りのバスの車内でお互いのホッペをつねって面白い顔になって遊んでいます。この子たちが成長していく間に、今の社会がよくなって差別や争いのない国をつくっていけるように祈るばかりです。

体験談　障害のある子を育てて

［吉川礼子］

私の息子は平成8年に生まれました。妊娠中は、早産しかかった以外は問題ありませんでした。ミルクもたくさん飲んで、夜泣きもありませんでした。6か月健診で言葉の遅れに気がつきましたが、様子見でした。首の座りが遅く、1歳ですわりました。成長もゆっくりでした。

小学生の頃から、バタバタと足を動かしていて、落ち着きがなく、そのときに、私の精神科の主治医に「ADHD（注意欠陥・多動性障害）じゃないか」と言われましたが、私は信じませんでした。そのまま中学に上がるまで、発達外来に連れて行きませんでした。

赤ちゃん言葉があったので、2年間言葉の教室に毎週小学生のときに通っていました。中学に上がると不登校になり、午後から学校に行っていました。発達外来はそのときから3年間通いました。勉強ができませんでした。そのまま中学3年の冬になり、高校の話になり、学力がなく、どうしようかと思って、児童相談所に行きました。「養護学校は」となり、療育手帳が必要になり、検査をしたら取得できました。療育手帳B2（軽度知的障害）を持つことになりました。発達外来ではなんどか検査をして、知能が少しだけ弱いと言われました。国語が特に弱いです。

養護学校に入ってからは、シャーペンで書く力が弱いからと注意を受けました。本人なりに書いているけど、中々強くは書けなかったです。2年のときは、現場実習で牛乳屋さんに行きました。本人なりに行きました。3年の前期の現場実習は、焼き肉屋さんでした。楽しかったと言っています。ただ、障害者雇用の枠はいっぱいなのでダメでした。3年の後期は魚屋さんでした。差し入れとかあって、刺身とか食べてきて、太って帰ってきました。内定をもらい、いまでもそこの魚屋さんで働いています。

卒業と同時に彼女もでき、彼女の家で同棲して3年になります。今では幸せに暮らしています。仕事も休まず毎日行っています。

私は最初、「なんで、障害児を産んだんだろう」と自分を責めていました。今でも体調が悪くなると責めてしまいます。

どんな子どもでも可愛いです。

生まれてきてくれてありがとう。

私は、イライラしたとき、ブーツで息子の頭をぶっていました。他のママに言いたいことは、子どものことで困ったら相談しましょうということです。

私はシングルマザーで育てました。1歳のときに別居して、3歳で離婚しました。私の母親は、息子を10歳まで育ててくれましたが、脳梗塞で倒れてしまい、それからは、私が一人で育てています。お母さん（息子の祖母）に相談したいけど、半身不随で施設に入所しているので、相談できません。もし周りに相談できたら、他のママも虐待をしないと思います。

一体験談一を受けて

［蔭山正子］

障害がありながら子どもを育てられるのだろうか、大変ではないのだろうかと心配になる方が多くいらっしゃいます。誰にとっても子育てが大変ではないということはなく、やはり大変でしょう。私も大変でした。ご自身に障害があればなおさらと思います。しかし、執筆者が書いているように、子育ては何ごとにも代えがたい喜びを感じることでもあります。

私は、精神疾患のある親をもつ子どもの会（愛称：こどもぴあ）の活動にかかわっています。親が精神的に不安定なときは、子どもも精神的に不安定になります。ですから、親の病状を安定させるための支援を受けることや、育児や家事の負担を軽減するサービスを利用することは、子どものためにも必要なことだと思います。支援を受け、ご自身の負担をできる限り軽減し、また、孤立しないようにされることが重要だと思います。

体験談では、ご自身に精神障害がありながら発達障害のある子を育てることについても触れられています。精神障害のある方の育児支援にかかわっていると、同じような方にお会いすることは少なくありません。親同士でつながり、情報を得るととても参考になるようです。

また、体験談では、自分で育てることが難しい場合に、実家に手伝ってもらう方がいました。しかし、実家の支援が難しい場合は、親子分離が行われることもあります。親子分離は、親の権利と子どもの権利の両者を考える必要のある難しい問題です。ただ分離すればいいという考え方ではなく、家族一緒に暮らしながら支援を受けるなど新しい形態のサービスの必要性を私は感じています。

続くコラムを通して、支援やサービスの情報を得ていただけると幸いです。

COLUMN 出産後の訪問看護での支援

［看護師、藤田茂治］

新しい命を誕生させるということは、女性の役割の中でもとても貴重なことであると思います。生命がつながっていくということは、太古の昔から行われてきたことであり、私たちも母親から生まれてきたことによって今があります。そのような女性にしかできないとても貴重な生命の誕生を、とても尊いことだと思います。

しかし、出産後は様々な不安、分からないことだらけだと思います。それは精神疾患があるなしにかかわらず、初めて出産した人はみんなが初めての体験なのです。子どもの成長とともに、親も成長していくなどと言う人もいますし、産んだあとは親も1年生だから子どもと一緒に親も経験を重ねながら一人前の親になっていくなどと言っている人もいます。

精神疾患の影響などで不安が高まったり、上手く子育てができないのではないかという心配もあると思います。また、薬を服用していることで母乳が与えられないのではないか、眠剤を服用していることで夜中に赤ちゃんが泣いても気づかないのではないかなどと心配することもあると思います。訪問看護が育児の相談や支援をしたケースがありますので、それを少し紹介したいと思います。

その方は初めての出産でした。お母さんが比較的相談に乗ってくれるため、分からないことはお母さんに聞くということができました。また、育児に少し慣れるまでは実家でお世話になり、お母さんに教えてもらいながら育児に慣れていかれました。

ご実家があり、お母さんに協力してもらえる場合は、1か月~2か月ほどご実家にお世話になることをお勧めします。

産後は母体も疲労していたり、体力が戻りきっていない場合もあります。また、出産後は2時間おきくらいに（人によって差はあります）起きて母乳やミルクをあげるということになりますので、なかなかしっかりと睡眠を取ることができないことが多いです。睡眠不足は考える力を低下させたり、判断する力が低下したりします。また、精神疾患には睡眠不足は大敵です。そのため、少しでも休息が取れる環境が望ましいです。ご実家がある場合は、できればご協力していただけるのがいいと思います。訪問看護を受けている場合でも、ご実家に（訪問可能エリアであれば）訪問看護に伺うこともできます。

出産、育児経験のある看護師が訪問し、沐浴のお手伝い、オムツ交換のお手伝いなど、分からないことについてそのつど相談に乗ることもできます。子どもの成長に伴って、様々なことが起こります。「熱が出た」「なにか飲み込んでしまった」「あまりミルクを飲んでくれない」「なかなか寝てくれない」などということもあります。寝ているだけのときはまだよいのですが、動けるようになると赤ちゃんはいろんなものに興味を持ち始め、手が届くものはすべて手を伸ばし、その物がなんなのか触って確認しようとします。そして口の中に入れようとします。成長発達の段階によって赤ちゃんの行動は変化していきますので、戸惑うことも多くあると思います。

そのようなことも訪問看護が相談に乗り、そういう場合にはどうしたらいいか、どこに相談したらいいかなど、一緒に考え、支援することもできます。

保育園に行き始める、小学校に行くようになる、など、成長するにつれて考えることや学校などの関係機関も増えてきます。PTAの役員になってしまった、しかし病気なのでできない、などという場合もあります。そのような場合は診断書を出してPTA役員を免除していただくという方法もあります。あるいはPTA役員のうちにこれだったらできるかもしれないというような役割もあるかもしれません。そのようなことも、ご本人の病状や特性などを踏まえて相談に乗ることもできます。または、学校の担任の先生と話し合いをすることになったが、なにを言われるのか不安だ、きちんと話を理解できるか不安だというときには、学校の先生と連絡を取り合い、訪問看護師が同席するということもあります。

経験したケースでは、お子さんに発達の問題があり、普通学級のままでいくのか、特別支援学級にした方がいいのか、校長先生と担任と話し合うということがありました。しかし、どういう判断がいいのか分からないという不安と、校長先生たちに丸め込まれて特別支援学級に入れられてしまうのではないかという不安があり、訪問看護師が学校まで行って同席し、ご本人の気持ちをお伝えしたり、先生たちと話し合いをしながらベターな方法を話し合うという支援をしたこともあります。

赤ちゃんや子どもの成長発達の段階に応じて、日々の暮らしの中で起きてくる様々なことについて訪問看護師が相談に乗り、共に悩み、共に考え、伴走するということもできますので、育児に対する不安や心配を一人で抱えず、訪問看護師を上手く利用するという方法もあります。

子育ての道のりは非常に長い道のりです。保育園の時代に悩む問題と小学校に行き始めてからの悩みの問題は変化します。さらに、小学校も学年が上がるにつれて抱える問題も変化していくでしょう。中学になると思春期に入り、第二次性徴が現れ、男性として、女性としての悩みも多くなってきます。さらに、人間関係も複雑化していき、人間関係での悩みも多くなってきます。段階によってシチュエーションがそれぞれにあると思います。その段階によって相談に乗り、支援をすることもできます。ぜひご相談してみてください。

COLUMN 育児中のサービス

［保健師、蔭山正子］

私は保健師です。保健師は、母子保健で中心的役割を担う職種で、すべての赤ちゃんとお母さんの支援を担当します。母子保健サービスを簡単にご紹介します。

出産後は、出生届とは別に、母子健康手帳と一緒に渡される「出生連絡票」をなるべく早く提出してください。4か月までにすべての赤ちゃんを保健師等が訪問して、赤ちゃんと親の健康を把握し、相談にのります。精神的に不安定だったり、不安が強い場合は、訪問してくれた人に伝えましょう。育児のサポートを整えてくれると思います。

赤ちゃんへの訪問の他、予防接種、乳幼児健康診査など赤ちゃんの健康を守るために対応することがたくさんあります。書類を確認する機会も増えます。支援が必要なときは、配偶者や親族に協力してもらったり、訪問看護やヘルパーなどのサービスを導入することも考えてみてください。ヘルパーは、児童福祉のサービスと、障害福祉のサービスがあります。長期にわたって必要な場合は、障害福祉サービスとして家事援助を利用されることをお勧めします。

育児は、予定どおりにいかないことの連続です。テキストやマニュアル通りには進みません。完璧な親などいません。手抜きすることも大切です。状況に合わせて臨機応変に判断するといった、障害のある方には苦手なことを求められると思います。些細なことでも相談できる人を日頃から見つけておくというのは、重要なことだと思います。

実際には、精神疾患に慣れていない専門職は多いので、親身に相談にのってくれないと感じることもあると思います。それでも孤立することなく、相談できる人を探してもらいたいと思います。障害福祉の精神保健福祉士など理解のある人につながっておき、理解ある人から母子保健や児童福祉担当の方に連絡してもらうと状況が伝わりやすいということもあります。

COLUMN 精神障害のある親への育児支援の課題 〔山田悠平〕

精神障害を持つ親にはどのようなサポートがあるのでしょうか。保健領域での援助は、サポートというよりは監視的な側面が強いとも言えます。実は、精神障害の親は児童虐待のハイリスク要因として、保健福祉のシステムでは位置づけられています。まるで、精神障害のある人は、そもそも子どもを育てるなんてムリ、まるでそういわれているようです。精神障害といっても、抱えている状況は千差万別です。子どもの保護を名目に、親に精神障害があるということで、母子分離におかれた当事者の友人もいます。もちろん、弱い立場にある子どもの命や暮らしは守られるべき対象です。しかし、なぜ家族とともに暮らす生き方を親も子も望むことはできないのでしょうか？　結論を申しあげると、私は精神障害のある親と子の「関係性の支援」がもっと拡充することが大事だと考えています。

障害に関する制度は、障害者権利条約の批准（ひじゅん）とともに本人主体と社会モデルの考え方にシフトチェンジされています。障害の社会モデルの考え方は、一言でいえば障害（社会的障壁）は社会側にあるというものです。このような考え方に立脚すれば、育児支援は、健常者とされる人が営む家族の在り方をできるように「訓練」だけをするのではなく、家族の営みができるようなサポートが求められます。

子育てに関するリソース、保健センターのサポートはとても重要です。しかし、残念ながら、母子保健の専門家は、精神保健に詳しいわけではありません。また、先ほど述べたように児童虐待予防という視点で見られているかもしれないと思うと、積極的に保健センターに子どものことで相談することへの躊躇が当事者側には生まれています。ちょっとした悩みの打ちあけが、どう思われてしまうのだろうか、むしろヤキモキします。他方で、障害福祉の相談支援機関には、子どものことを含めた包括的な相談の場がありません。

悩みを抱え込まないで、話せる場が必要です。インフォーマルな場は徐々にできつつあります。最近この本づくりの企画プロジェクトと並行して、育児を経験する精神障害者のピアサポートグループ「ゆらいく」*が発足しました。今までそういった場がなかったのですが、創っていこうという心意気には胸が熱くなりました。ネットを活用したオンラインミーティングや子ども同伴可の育児カフェが開催されています。私はこのプロジェクトを通じて、精神障害のある男親の方と初めて会うことができました。胸の内にあった葛藤を共有することができました。男は稼いでなんぼといった昭和的価値観。イクメンという言葉に代表される育児への関わり。その双方をどこまで応えきれているだろうかという自問や周囲からの要請は、生きづらさをもたらしているということを再確認できました。

また、ピアサポートの場は、分かち合いと同時に情報を得る機会にもなっています。たとえば、障害福祉サービスの居宅介護に育児支援があることを初めて知りました。他の地域での利用談も聞きました。今後、サービスの周知や利用を促進できないものかと思っています。

＊「ゆらいく」ホームページ　https://yuraiku0501.wixsite.com/yuraiku

◉当事者である息子・娘が子どもをほしいと言うのですが自分で育てられるでしょうか？《親のお悩み》

相談

私は、精神障害のある娘をもつ母親です。もともと家事が苦手だった娘ですが、結婚してから障害の家事援助サービスも利用し、だいぶ自分で家事ができるようになり、安心していました。先日、そろそろ子どもが欲しいと言われました。私も70歳近くになるので、育児のサポートをどこまでできるか不安です。娘は自分で子どもを育てられるのでしょうか。心から応援するよと言ってあげられないというのが本音です。

当事者・親の考え

▼私も障害のある娘の親で、80歳になります。私自身高齢者ですので、育児のサポートができるか不安になるお気持ちはよく分かります。妊娠してから、娘と一緒に保健師さんに何度も相談しました。保育園の利用、ヘルパーや訪問看護、ファミリーサポートサービスの利用についてお手伝いしてもらいました。他の人の力を借りて、祖父母の負担もなるべく減らすことをお勧めします。

▼私の息子は障害のある女性と一緒になり、彼女はすぐに妊娠しました。最初は、私がなんとか手伝おうかと思っていましたが、私自身に心臓の持病があるので、無理はできませんでした。行政の方と相談して、2歳まで乳児院で子どもをみてもらいました。乳児院にいる間、二人は頻繁に面会に行っていましたから、親になっていっています。2歳になったとき、自宅に引き取りました。今も親子関係に問題なく、育っています。

▼私は精神障害のある当事者です。子どもが欲しい

と両親に相談したところ、育てられないだろうと言われて、歓迎されませんでした。しかし、育児をサポートする公的なサービスが充実してきました。サービスを利用することで子育てできる環境をつくってもらえると嬉しいです。

体験談 大変な病気をしても産み育ててくれたママを誇りに

〔親、岡田久実子〕

統合失調症の娘が結婚して間もなく、妊娠が分かりました。結婚前から、主治医には子どもがほしいことを伝え、薬をなるべく減らす方向で進めていました。大変だったのは出産する病院探しでした。通院しやすいようにと、近くの産婦人科病院を訪ねると、「そういう病気をもった方は受けることができません。もっと大きな病院に行った方がいいですよ」と、とても冷たい態度で断られました。大きな病院に受診するための紹介状さえ断られる状況に、娘は「私のような病気の人は子どもを産んではいけないということなのか」と泣き出してしまいました。「違うよ。あの先生の考え方が間違っているだけだよ」と言いながらも、涙がこみ上げてくるのを我慢できなかったことを思い出します。

その後、信頼できる方からの情報をもとに受け入れてくれる病院が見つかりました。精神科外来がある総合病院で、精神疾患のある人の出産経験があるからだいじょうぶだと言ってもらい安心しました。電車とバスを乗り継ぎ1時間ほどかかるので、定期検診には必ず付き添って行きました。徐々に大きくなっていくお腹を抱えながら、ときには「障害のある子が生まれたらどうしよう」と言い出すこともありましたが、特に大きな病状の変化もなく出産を迎えることができました。元気な産声を上げ、手足をバタバタと動かす小さな命を抱き上げたときの気持ちは、言葉にできない感動でした。「よく生まれてきてくれたね」と、心の中で語りかけていました。

薬の影響を考えてか、母乳はあげないようにと精神科の主治医から言われていたので、ミルクでの育児が始まりました。退院後しばらくは実家での生活になりました。その間に、ミルクのつくり方、与え方、沐浴の仕方、おむつ交換や着替えの仕方など、夫婦二人でできるようにと練習する毎日でした。祖母である私だけが手伝うのではなく、保健師さんの家庭訪問、ホームヘルパーの家事支援、精神科訪問看護の活用など、様々な支援を受けられるように時間をかけながら進めていきました。保育園を活用することも大切な選択肢の一つとして提案をしていましたが、できるところまでは一人で頑張りたいと言うので強要はしませんでした。でも半年を過ぎた頃から、毎日、毎日、子どもと二人きりの時間が続くのが辛いと言い出し、11か月から保育園に通うことになりました。障害者手帳を持つ場合には、かなり優先的に保育園に入所できることになっていて、とても助かりました。結局、保育園には小学校入学までの6年間もお世話になりました。この間には言うことをきかない孫に手をあげたくなる、という娘からの悩みを聞くことがありました。自分は病気だから、そのうちに我慢ができなくなるのではないかという不安もあったようです。たまには大声で怒ってしまうのは仕方がないけれど、怒りすぎたと思ったら、あとで優しく膝に抱っこして「怒りすぎてごめんね」と謝るといいかもしれないね……など、伝えていました。そして、どんなことがあっても叩くのはダメ、一度叩いてしまうと何回も叩くことになるから……と伝えると、そんなふうにはなりたくないから頑張ると言って、これまではなんとか乗り越えてきてくれています。

小学校入学が次の大きな関門でした。保育園には毎日の送り迎えのときに、担任の先生と話ができるので些細なことでも聞いたり伝えたりできましたが、小学校は親がついて登校するわけではないので娘がとても不安になりました。そこで娘とも相談して校長先生と担任の先生に面会をお願いして、私から娘の病気や障害についてお話をしました。1時間ほど、きちんとお話しを聞いていただき心配なことがあればなんでも連絡帳に書くか、電話をしてもらっていいと言っていただきました。私からも、娘に言いにくいことなどあれば、いつでも連絡をくださいとお願いをしました。入学して半年くらいは1～2回、担任から私に電話が入ったことがありましたが、その後は、私の出番はなくなりました。孫の成長と共に、母親としての娘も成長していると感じます。

子育ては、思うようにいかないことばかりで精神的にも肉体的にも大きな負担がかかります。だから精神障害をもつ人には無理だという考え方もあるでしょう。娘の場合には、様々な方たちの支援を受けながら取り組む環境をつくることで、子育てを通して娘自身が様々な人との関わりを経験し、苦手としていた人間関係を学んでいるように思えます。子育ては自分育てでもあると言われますが、本当にその通りだと感じます。

孫は8歳になりました。「怒るとすごく恐いけど、ママ大好き」と言っています。ときどき「どうしてママは、毎日お薬を飲んでいるの」などと聞くようになりました。そんなときには「ママはね、とても苦しい病気になってしまったの。でも、お薬を飲んでいればだいじょうぶなんだよ。とても苦しい病気になったのに、頑張ってあなたを産んでくれたんだよ。ママは頑張り屋さんなんだよ。すごいでしょう?!」などと話して聞かせています。孫が、自分の母親の病気や障害を恥ずかしいとか困ったことと思わずに、大変な病気をしたけれど自分を産んで育ててくれたことを誇りに思える人に成長してほしいと、心から願っているからです。これからも、孫の成長に合わせて、母親の病気や障害について、きちんと理解できるように伝えていくことは、祖母としての私の大切な役割だと考えています。

—体験談—を受けて

［蔭山正子］

体験談を読むと、精神障害があるがゆえに、産科病院探し、サービス利用、子どもを通した保育園・学校・保護者との関わり、子どもへの病気の説明など、いろいろな困難と配慮が必要であることが分かります。そして、関係者に理解してもらう必要性や、制度やサービスを整える必要性を感じます。私は、精神疾患の親に育てられた子どもの会で活動していますが、ある方は自分の親のことを周囲が認めて、子どもに伝えてほしかった、そうすれば親への気持ちはだいぶ違っていたと話します。岡田さんがお孫さんに言っているように、当事者である親の方は、病気があるのにあなたのことを精いっぱい育てている、すごい人なんだよ、誇りに思っていいんだよ、と周囲の方はぜひ子どもに伝えてあげてほしいです。

以前、岡田さんは、娘さんが親としての役割を担えるように、自分が親代わりにならないように気をつけていると話されていました。精神障害がありながら子育てをしている方の中には、実家にかなり支援してもらっている方がいます。それは、ありがたいことでもありますが、自分が親なのに子育てができない、と言う当事者の方にお会いしたこともあります。祖父母や支援者は、知らず知らずのうちに、親が自分で子どもを育てる権利を奪っているかもしれない、という倫理的な課題があることに気づかされました。祖父母が子育てをどこまで、どのように手伝うのがよいのか、ということも考えていく必要があると思います。

COLUMN

私の人生は私が決める

［山田悠平］

恋愛。結婚。子どもをもつこと。それは、人間として持つ欲求であり、守られるべき尊厳です。しかし、残念ながら精神障害があることやその周辺に関わる理由をもって、それに介入するきらいが、いまだに強いのも事実です。たとえば、支援職やときには家族から。「恋愛をすると体調が悪くなるから、やめなさい」というのは代表格のメッセージです。「精神障害者なんだから、子どもを持つなんて無理だ！　子どもが不幸になるだけだ」。そんな言葉を実の親に浴びせられた当事者仲間もいます。

私たちの人生は、体調を維持する中で与えられるものでしょうか。私は違うと思います。確かに、安定した暮らしには体調の維持は必要です。それはなにか新しい変化を避けることによって得られることでしょうか？　様々な変化は人生そのものです。しかし、体調を維持するため、あなたのためと言いながら、支援職や家族の都合が優先されている背景があると私は考えています。みなさんはどう思われますか？

◉子どもをつくらない選択をしてもいいですか？

相談

私は、精神障害のある当事者です。夫から子どもが欲しいと言われていて、実家も手伝うから頑張ってと言ってくれます。でも、私は障害のせいで、聴覚過敏があって子どもの鳴き声が苦手ですし、不器用なところがあるので柔らかい赤ちゃんを育てられるのか自信が持てないのです。子どもをつくらないという選択をしてもいいでしょうか。

当事者の考え

▼病気がある当事者にとって、子どもを育てることはとても難しく感じることはよく分かります。経済面の心配なら、生活保護という手段もあります。周囲で子育てをしている人をみると、子どもをつくると自分一人の時間がほとんど無くなるようです。まだ、夫婦だけの時間を大切にしたいなら子どもはつくらない方が賢明でしょう。いずれにせよ、子育てのサービスの情報や、子育て経験者の話を聞いたりして、夫婦でよく考えて決められればよいのでは。

▼私もまだ子どもをつくる決心ができていません。私の場合は、子どもがいた場合といない場合でシミュレーションをしてみました。子どもが欲しいのか、

欲しくないのかの理由も含めて気持ちを延々と書き出してみました。そして、育てられる環境か、なぜ迷うのか、自分が育てられないときに頼める環境か等なるべく細かく具体的にしていきます。見切り発車で産むのは子どもに迷惑なので。そして、今もまだ考えているところです。

〔根本響子〕

体験談　子どもをつくらない選択をした

私は、20代後半のときに結婚を前提としたお付き合いをしていた男性（元彼）がいました。同じ作業所のメンバーさんで、精神障害のある方でした。ほぼ毎日、作業所で顔を合わせ、お仕事訓練をして、作業所が終わったら、元彼のアパートに二人で行き、夕方から夕食を一緒に食べたり、映画鑑賞をしていました。仲がいいときがあったり距離が近づき、お互いイライラしてけんかをしたりもしました。二人の仲は作業所では公然の仲でした。

そんな日々を送っていたある日、作業所の所長さんに、「精神障害と精神障害の子どもは、精神障害が生まれるよ」と、そのような内容のことを言われました。その所長さんは女性で看護師さんでした。やり手でリーダーシップがありました。昼食のまかない食をつくっていました。作業所のクッキーづくり、買い物は他の職員さんと協力し合っていました。ときにはメンバーさんの相談に乗り、厳しく指導したりしていました。とにかくなんでもできる方でした。その信頼している所長さんから言われたので私は、額面通り受け入れて、しばらくそのことを私なりに考えた結果、子どもをあきらめました。

私が考えたことは、私たちのように精神障害があると周りの力を特に必要とすると強く感じました。そして私自身に置き換えたときにいろんな力を借りながら育てていくスキルがないと思いました。

作業所を卒業して障害者雇用で就労していたときに結婚し、結婚生活が2012年6月20日から始まりました。ときには夫婦で猫のようにじゃれ合って、仲よく暮らしています。私の正直な気持ちは、旦那さんといるだけで楽しいし、結婚できたことで満足しています。それ以上のことは望みません。旦那さんも切り替えが早く、自分の趣味に邁進（まんしん）することに決めたようで、仕事や交友関係で姪っ子や子どもたち（年下の人たち）と関われていることで毎日が楽しいと言っています。今でも私は自分の面倒をみるので精一杯です。そのため子どもの面倒を見られる全国のママさんパパさんたち、関係者の方々（保育士さんなど専門職の方たち）を大変、尊敬しています。

［野間慎太郎］

体験談　二人で選んだ道

私たち夫婦には子どもがいません。

交際当時から子どもはつくらず二人で楽しく暮らそうというのが共通認識でした。そもそも私があまり子どもに興味や関心がなく、妻も同じような考えだったので特に真剣に考えたことはありません。妻を独り占めしたいというのもありました。ですから交際中に不慮の妊娠をしないように気をつけていました。親というのは子どもができて初めて親になると母には言われましたが、そう言われるとなおさら不安で避けたい気持ちになりました。やはり金銭的な問題も深刻ですからね。

ただ全く考えなかったわけでもありません。入籍していた当時、働いていた職場が子ども向けの遊具施設だったのですが、私は知らないうちに子どもが好きになっていたからです。とはいえ自分の子どもではありませんから、子どもをつくろうという考えにはやはり至りませんでした。責任の重さが全く違いますから。

そして障害者であることも懸念の一つでした。一度うつが出れば日常生活もままならないのに子どもの面倒を見るのは無理だと思ったからです。そして家計を担ってくれている妻が働けなくなることで受ける経済的ダメージも大きく、だったらやっぱり二人で楽しく暮らそうねと話をまとめ今に至ります。

ただ、数年前に母が「孫はやっぱりあきらめるしかないかねぇ」とつぶやいたときは罪悪感のようなものを覚えました。私は一人っ子なので私たち夫婦で今まで受け継がれてきた命のバトンが途絶えてしまうからです。そのことについては少しだけ申し訳なさが今でもあります。ですがきれいごとだけで育児はできません。私たちは二人で選んだ道で楽しく今日も過ごしています。少子高齢化が進んでいく世の中で結婚して出産をしないことについてなにかしら言われるかもしれません。でも気にしなくてよいと思います。私は二人が幸せな日々を送ることが一番大切だと思っています。そのことについてはしっかりと二人で話し合いをしてください。そして状況が変わったら方針を変えていけばいいのではないでしょうか。人生は流動的なものです。頑なにならず柔軟に考えていけばいいと私は思っています。

〔広瀬玄武〕

体験談　子どもを育てる自信がなかった

私は性同一性障害（GID）のFTM（心が男で身体が女）です。

27歳で京都のホストクラブを辞めて、静岡県に住みました。そこでゲイと名乗る男性から付き合ってくださいと言われ、自分自身のことを話したところ、たまたま彼のお母さんが病気で余命が短いことを聞かされ、どうしても花婿姿が見せたい。と、今度は結婚を頼み込まれました。お互いに戸籍上の異性には興味がないというのもあり、それを信じて結婚しました。結婚の条件として私が「別れてほしい」と言ったら別れるということで婚姻届と離婚届両方にサインしました。結婚して1年位はなにも問題なく暮らしていました。

ある夜、私が寝ている間に無理矢理、夜の相手をさせられたのです。そのときに初めて彼がゲイではないと知ることになりました。それで妊娠してしまい中絶を考えなかったといえば嘘になります。でも中絶はして欲しくないという周囲の言葉があり中絶は断念しました。

私は赤ちゃんを授かったことは嬉しかったです。でも、わたしは幼少期から中学卒業までの期間、虐待経験があり子どもを育てたときに私も自分自身がされた虐待をしてしまうんじゃないかと考えました。そして仕事の量を増やし流産の道を進むことにしました。そして流産しました。

彼は、すごくショックを受けていましたが自分自身は虐待経験がある以上そういうことはしたくなかったので流産してよかったと思います。以前、水商売をしてるときにカウンセリングを受けていたのですが虐待の連鎖はあると聞かされたのも流産の道を歩むきっかけです。本当はどうなのか分からないですけど。

18歳~20歳迄、結婚（養子縁組）してた相手にも子どもが二人いたのですが、そのときは虐待はしていません。楽しく遊んでいた記憶があります。産んでいたら、今ごろ19歳です。

無理矢理、夜の相手をさせられたこともあり、離婚届を出そうとしたのですが彼がなかなか首を縦に振らないので私が持っていた財産を全部渡すことを条件に離婚届を出すことでようやく首を縦に振ってくれました。

いまだに1年半の結婚生活でしたけど、赤ちゃんのことは、「あれでよかったのかな?」と考えます。

「体験談」を受けて

［蔭山正子］

3人の方の体験談を読み、精神障害を抱えながら子どもをつくることを応援したい私にとって、当事者自身に存在する大きな壁を見た感じがしました。家族や支援者、制度やサービスという周囲の環境を整えるだけでなく、当事者自身にある不安を取り除く支援の必要性を感じました。子どもをつくらない選択はもちろん尊重されるべきですが、自己決定をするに十分な情報や支援があったのかという点が問題になると思います。根本響子さんは、作業所の所長さんから「精神障害と精神障害の子どもは、精神障害が生まれるよ」と言われて諦め、広瀬さんは、虐待を受けた経験のある自分は子どもにも虐待をしてしまうのではないかという不安から意図的に流産をしています。正確とは言えない情報が影響していると思いました。野間さんについては、病状や経済的不安が影響していると思います。子どもをつくるかどうかという重大なことについて、自己決定をするに十分な情報や支援を整えていく必要があるのではないでしょうか。特に、不安を共有でき、情報を得られる場をもつことが必要だと思います。

COLUMN 障害者にこそ子どもを育て上げる決意が必要？

［山田悠平］

今の日本社会は、自己責任という言葉が重くのしかかっていると思います。お互いさまや他者への寛容さがもっとあってよいと思います。私は障害があることで、周りへヘルプを言うのがそれ以前に比べて上手になったと思います。それまでは、なにもかにも自分で頑張らなきゃという暗示にでもかかっていたようです。

新しい命について、それは無責任になれとはさすがに言いません。ある人に言われた言葉が今でも私をモヤモヤとした気持ちにさせています。「障害者にこそ子どもを育て上げる決意が必要」というものです。

自分の中の覚悟は大事かもしれませんが、それは誰かに言われるべきことでしょうか。むしろ、一人で抱えこまずに、周りにサポートを求めることが大切だと思います。

私たちの周りには、こうした決意の確認のような抑圧が多いように思います。「あなたは本当に子どもを育てられるの」と問われ続けるなかで、はたして子どもをもつということ、またもたないということを選べているでしょうか？

STEP 4 子どもをつくると決めて

◉妊娠中に精神科の薬は飲んでもよいのでしょうか？

相談

結婚してすぐに妊娠しました。子どもは欲しいと思っていたのでとても嬉しかったです。ただ、向精神薬を飲んでいるので、催奇形性のことがとても心配になりました。主治医に聞いたら飲んでいてもいいというのですが、本当に大丈夫なのか心配です。

当事者の考え

▼私も妊娠中の服薬で悪い影響がないか心配でした。そのため、妊娠前にお医者さんに相談しました。幸いなことに、私が服薬していた薬は、悪い影響が少ないことを知り、安心して妊活に取り組むことができました。

▼妊娠中に勝手に断薬したら、再発をしてしまい、大変でした。主治医にちゃんと相談をすればよかったなと今になって後悔しています。

▼私は服薬のリスクを主治医に相談しました。詳しく説明してもらうことができ、安心しました。他にも、普段趣味にしていたアロマオイルやハーブが悪い影響があると言われていることなどを教えてもら

えました。

▼お医者さんに相談してください。お医者さんによっては、いろいろアドバイスをくれるようです。端から否定的な医療者もいますが、その場合は転院をおすすめします。

体験談　信頼できる人に巡り合えず、不安のまま断薬

［水月琉凪］

私は双極性障害II型の当事者です。

私が妊娠したのは、結婚して1か月も経たない頃です。当時は妊娠を望んでいたわけではなく、結婚してうっかり油断して、膣外射精で避妊したつもりになっていました。

なので妊娠を知って驚き、最初は困惑しかありませんでしたが、夫に伝えるとものすごく喜んでくれたので、そこで初めて「産みたい」と思い、それには薬を飲んでいてはダメだろうと勝手に思い込んで、その日から完全に断薬しました。確か妊娠4週目でした。

結婚したてで引っ越したばかり、転院先を探している最中で、主治医もいません。一番最初に行った精神科では、中絶を勧められて大きなショックを受け、号泣しました。産科も町の個人医院には断られ、車で1時間かかる隣市の総合病院の産科・精神科でやっと受け入れてもらえました。

が、その病院では精神疾患での出産は初めてということで、医師も薬の服用等に関して全く知識がなく、とりあえず断薬を継続。当時は多剤処方で10数錠飲んでいたので、当然酷い状態になりました。

うつと躁と混合をものすごい速さで行ったり来たり。寝込んでいたかと思えばパニックになって泣き喚いたり、自分を責めて落ち込んだり、イライラして夫に当たったり。不安で眠れない日も、眠ることしかできない日も。悪阻も酷く、ほぼなにも食べられない時期もありました。そんな私を置いてパチンコに行った夫がなかなか帰ってこず、泣きながら家

出したことも。夫は基本仕事で忙しく、両方の実家からも遠く、知り合いも誰もいない町だったので、孤独で、「誰も助けてくれない」との思いが強かったです。

そんな状態なので、ネットで情報を探してみるか思いつきもしなかったし、当時（2003年）はそんなに情報もなかったと思います。まだSNSも今ほど盛んではなく、私もやっていなかったので、本当になんのつながりもありませんでした。その上、すごい田舎だったので、妊婦が町を歩いているとみんなにジロジロ見られ、引きこもっているしかありませんでした。なんの支援もなかったし、保健師に会ったこともありません。産科でも精神科でもとりあえず様子を聞くだけで、指導もなにもありませんでした。私自身も医師が信頼できず、正直に状況を話せていなかったと思います。

そんな田舎が嫌で、出産は里帰りすることに決め、出産2か月前に東京の大学病院に転院。ただ、そこでも精神疾患での出産は稀な例だったようで、精神科の受診の度に大勢の医大生に囲まれました。そこでは妊娠後期に入ったこともあり、抗不安薬だけ処方されましたが、口唇・口蓋裂の催奇形性があると言われ、余計不安になりました。よっぽどつらいときにしか飲まなかったように思います。

それでも実家に帰り、とりあえず孤独からは解放されて、少し楽になりました。家事を全部やってもらえるというのも大きかったと思います。身体も重くはなりましたが、妊娠に慣れてきて安定し、気持ち的にもだんだん赤ちゃんを迎える心構えができてきました。とは言えやはり波はあり、泣いたり、怒ったり、母に当たったり、逆にはしゃぎ過ぎたり、マタニティウェアや赤ちゃん用品を買いまくったりと、ずっと躁うつに振り回されていました。

幸い出産は無事できましたが、生まれてからも私は妊娠時の自分の不安定さと初期の薬の服用をずっと責め続け、「私なんかが産んじゃいけなかった」と何度後悔したか分かりません。息子の発達障害が分かったときは、「妊娠初期に飲んでいた薬のせいなんじゃないか」「妊娠中に私が情緒不安定だったせいなんじゃないか」とものすごく苦悩しました。

正しい情報と支援があればどれほど救われたかと思います。ちなみに出産後も行政からの支援はなにもなく、健診に行っても保健師に話をすることもできず、当時は赤ちゃん訪問などもありませんでした（２００９年に乳児家庭全戸訪問事業が開始され、全員の家庭に訪問があります）。

体験談を受けて 【蔭山正子】

結婚に伴い新居を構えると主治医も変更になることが多く、友人もいない中での妊娠生活では、不安が大きくなります。薬の催奇形性などを考え、子どものために服薬を止めて病状が不安定になる方もいますし、服薬を調整してもなかなか病状が安定しない方もいらっしゃいます。妊娠中や授乳中の服薬調整や服薬への不安は、母親にとって最も深刻な課題だと言えると思います。水月さんも妊娠中にとても辛い思いをされていました。その状態で乗り切ったことに母親の強さを感じました。

精神科医の中には、体験談にあるような妊娠に否定的な医師や、妊婦の治療に慣れていない医師もおり、孤立を深めてしまうこともあります。水月さんは、ご自身が孤立して辛かった経験から、親が孤立しないことを願い、zoomというインターネットを使った子育てカフェをされています。病気がありながら親として生きるということを、理解してもらえる仲間とつながることの大切さを痛感されているからだと思います。

COLUMN 薬と妊娠について 【精神科医、竹林宏】

「薬を飲んでいるが、妊娠できますか？」というご質問を受けることがあります。もちろんできます。ただし、飲んでいるお薬と病気のことを医師や薬剤師になるべく事前に相談してみてください。

妊娠の週数によって、お腹の赤ちゃんに対する薬の影響が変わってきます。妊娠4週から7週までは「絶対過敏期」といって、赤ちゃんの身体が造られる重要な時期ですので、精神科以外の薬も飲むのを避けた方がいいといわれています。妊娠16週をすぎると赤ちゃんに奇形が生じる危険性はなくなりますが、赤ちゃんの発育が遅れることなどもあります。

また飲んでいる薬によって、お腹の赤ちゃんに対する影響の仕方や度合いが異なります。中にはその薬を飲んでいる間は妊娠を避けたほうがいい薬もあります。

これから妊娠を望む場合は、自分が現在飲んでいる薬をどうすればいいのか、さらに病気の経過などについて、必ず医師に相談してください。薬を飲んでいて妊娠が分かったような場合も、必ず相談してください。薬を飲むのを慌ててやめてしまった場合に、病気の具合が悪くなり、妊娠を続けることや出産が難しくなることもあります。

薬を飲んでいなくても、赤ちゃんに奇形が生じる割合が約3％、自然流産してしまう割合が15％ほどあります。飲んでいる薬の種類や時期によって、その割合が変わってきますが、実際に生まれてきた赤ちゃんに奇形があった場合に、それが飲んでいた薬の影響なのか、飲んでいなくても起こっていたのかは分かりません。しかし赤ちゃんのご両親、とくにお母さんは「薬を飲んでいたせいに違いない」と自分を責めてしまうことが多いです。

妊娠や出産はとても嬉しいことです。それにまつわる様々な不安を一人で抱え込まないで、パートナーやご家族、医師・看護師や薬剤師などの支援者にしっかりと相談して、一緒に不安を乗り越えていきましょう。

「薬を飲んでいるためか、妊娠しないのだけれど……」というご相談を受けることがあります。薬には様々な副作用があります。その一つに高プロラクチン血症といって、母乳にかかわるプロラクチンというホルモンが多くなってしまうことがあります。その場合は、薬を減らしたり変えたりすることで元に戻ります。

女性の場合、プロラクチンが多くなると生理が不規則になったり止まってしまったりすることがあります。薬を飲み始めて生理が止まったり、出産もしてないのに母乳が出てくるような場合は、医師に相談してください。

男性の場合、プロラクチンが多くなると勃起しづらくなったり、射精できなくなることがあります。さらに男性でも乳首が痛んだり、母乳が出たりすることもあります。薬を飲み始めた後や薬が変わった後にそうした症状が出てきた場合には、やはり医師に相談してください。

ただ、異性の医師には相談しにくい場合もあると思いますので、そうした場合にはご家族から言ってもらったり、同性の医療者に話したりしてみてください。

◉妊娠した後に受けられる支援はありますか？

相談

先日婚約しました。子どもをつくりたいと考えていますが、妊娠は不安です。実家の両親とはあまり関係がよくなく、相談できない状況です。なにか支援を受けられるのでしょうか。

当事者の考え

▼私も両親とはあまり関係がよくないので、お気持ちはよく分かります。私の場合、通院先のカウンセラーの方に随分とサポートをしてもらいました。いろいろお話を聞いてもらえるだけでもすごくうれし

かったです。

▼私は統合失調症をもつ父親ですが、新たに父親になる人向けの講習会や育児体験などを受けました。保健センターで実施されているものだったので、精神疾患についての説明はありませんでしたが、出産や育児のイメージが付いてよかったです。頭の中だけだとなかなか分からず、それが不安にもなると思います。

▼私が受診した産婦人科で精神障害者であることをうちあけたところ、総合病院の転院をすすめられました。近くの産科で出産できないことは不安でしたが、そこの総合病院には精神科もあるので、なにか起きたときにはサポートが手厚くなることで安心をしました。

体験談 カウンセリングを受けて不安を軽減

〔崎千晶〕

10代後半から社会不安が強く心療内科を受診。20代後半で、双極性感情障害の診断を受けました。診断がついて治療が始まると同時期に結婚。気分安定薬として、妊娠時には禁忌であるデパケンが処方されました。双極性感情障害は寛解状態であっても、気分安定薬は必須とのことで、もう子どもは産めないと絶望しました。その後、治療をしつつ、自分に合った病院に出会い、気分の波や社会不安は、薬で完治するものではなく、現実社会を生きて成功体験を積み重ね自己コントロールをして安定を図っていくことが大切であると先生に言われ、漢方処方に移行（対処法は人によって違いますので主治医と相談して決めてください）。また臨床心理士によるカウンセリングを開始。少しずつ回復し、仕事も再開して順調に生活できるようになりました。

診断から7年目、減薬し安定していたときに、自然妊娠しました。判明したときは妊娠できないものと思っていたので、正直不安が大きかったです。妊娠により病状が悪化するのではないか？　子どもに遺伝したらどうしよう。パニック症状が出たら頓服が飲めなくなる。出産まで耐えられるか？　そもそも子育てできるのか？　など悪いことばかりを考えていました。しかし初期の妊婦検診エコー検査で（10週目頃）ぴょんぴょん跳ねる赤ちゃんがとても愛おしく、この子を必ず産んでしっかり育てていこうと決心しました。それからカウンセリング内容を変更し、安心して出産するために4週1回のペースでカウンセリングを行いました。

　初期は、パニック発作が起きて頓服が飲めないことに大きな不安がありました。もしパニックが起きたときは水を飲む。電車内では次の駅で降りる。呼吸を整える。ヘルプマークを付ける。そもそも公共の機関などでパニックを起こしたことはあるのか？　不安から直結してパニックに直になるのか？　なったことはあるのか？　など客観的に物事を考察する作業に取り組みました。結果、不安のほとんどは、自分でつくり出した予期不安だということに気づきました。安定期では、子どもへの遺伝や、障害があったらどうしよう。子どもに愛着を持てなかったたら？　などに不安がありました。そして後期からは、一番の不安である出産の痛みに対して、陣痛が怖くて、過呼吸や耐えられなかったらどうしようなど出産に対する不安や、産後うつや育児ノイローゼを防ぐため、産後の環境設定についてカウンセリングを行いました。

　カウンセリングの成果もあり、破水したときはとても落ち着いて対処できました。10時間に及ぶ出産、大きな恐怖感や不安、パニックに陥ることなく痛みに耐え無事に出産することができました。そして、生まれた子どもを初めて抱いたときは、とてもとても愛おしく涙が溢れて止まりませんでした。

　産後は具体的な対策（遠方の両親に上京してもらい、一か月ほどは日中に独り育児ではない環境設定を行った）を作成していたので、産後うつは回避できたと思います。産後約1か月半で、カウンセリングを再開。現在はカウンセリング3年目になります。メンタルの波を保ち、育児と仕事の両立を課題に取り組んでいます。絶賛イヤイヤ期真っ盛りで、日々四苦八苦ですが、メンタル不調で出産育児に取り組んでいる先輩ママたちのつながりも心の支えとなり、大きく体調を崩すことなく、日々の生活を送っています。

一体験談一を受けて

［蔭山正子］

私が崎さんと初めてお会いした時、「メンタル不調の親の集まりをしたいんです」と唐突に言われました。私もちょうどそのような機会を探していたので、とても驚き、嬉しく思いました。そのときはなぜ彼女がそう思うのかよく理解していませんでしたが、ご自身の辛い経験があってのことだったと後で知りました。精神疾患で治療中の方が妊娠されると、服薬調整をされることが多く、病状が不安定になる方がいます。服薬で補いにくい分、カウンセリングなど薬以外の方法で精神的安定を図ることが、より一層重要になってくるのだと思います。崎さんは、一時は「もう子どもは産めないと絶望」しましたが、子どもと夫と家族をもつことで「初めて、生きてて幸せ」と思ったとおっしゃいます。当事者の方には、親になることを諦めてほしくない、孤立しないでほしい、そんな思いで、今は、メンタルヘルス不調の親の子育てカフェを開催されています。

COLUMN 妊娠をしたときの訪問看護での支援

［看護師、藤田茂治］

精神疾患をお持ちの方が妊娠する場合ももちろんあることだと思います。ご結婚をされている方、あるいはパートナーと同棲している場合、またはお付き合いしている方がおられる場合などは妊娠の可能性も十分にあります。

これから妊娠を考えておられる場合には、置かれている状況によっても違いがあると思いますが、妊娠をするにあたっての不安は様々あると思います。

「妊娠したら薬が飲めなくなるんじゃないか。薬のない状態では精神的に不安定になる不安があるので心配だ」や、「妊娠をして10か月という長い間いろんなことが起きると思うが、無事に出産できるのか、なにかあったらどうしたらいいのか不安だ」、あるいは「妊娠したらお金がすごくかかるんじゃないか。経済的に大丈夫なのか」などという不安を聞くことがあります。

すでに妊娠してしまったなどという場合もあるでしょう。これから妊娠を考えておられる場合でも、すでに妊娠してしまった場合でも、精神科に特化した訪問看護を使っている場合、あるいはこれから使う場合でも、相談に乗ることができます。

実際に私が訪問看護をしている方で、妊娠をしてしまったケースを紹介します。その方は二人目を妊娠しました。

妊娠を予想していなかったため、主治医の先生と薬の調整をしないままの妊娠でした。

妊娠が分かったあとすぐに主治医に相談し、お腹の赤ちゃんに影響が出やすい薬は中止し、比較的危険の少ない種類の薬に変更しました。お薬をすべてやめなければならないんじゃないかと思う方も多いですが、比較的危険の少ない薬を継続しながら妊娠を継続する、お腹の赤ちゃんに影響の少ない薬を選びながら飲み続けるということは可能です。

そして産婦人科の先生にも、精神疾患があり、精神科の薬を飲んでいることを伝え、薬を続けながらの妊娠であるということを伝えました。自分では先生に上手く伝えられない、伝える自信がないという場合もあると思います。そういう場合も訪問看護師が精神科の先生、産婦人科の先生、両方ともに直接連絡をし、状況をお伝えするというお手伝いをすることもできます。

妊娠の経過中には様々な体の変化が起こります。たとえば、人によって強弱はありますが「つわり」というものが起こります。「常に船酔いしている感じで気持ち悪い」という人もいれば、「私はなんともなかった」という人もいます。あまりにも〝つわり〟がひどい場合には、家事などができなくなってしまう場合もあり、また、パートナーへの食事の準備もできなくなる場合もあります。お買い物に行くのも一苦労だったりします。そんなときは訪問看護師に相談し、家事の手伝い、お買い物の補助、パートナーへ〝つわり〟の辛さの説明などをすることもできます。

さらに、10か月という長い妊娠経過の間には様々なことが起きることもあります。「少し出血をしてしまった」や「切迫流産の可能性があるから安静にしなさいって言われた」などということもあります。そんな不安についても、分からないことは妊娠出産経験のある看護師が相談に乗ることもできます。

この方は妊娠経過の途中で逆子（お腹にいる赤ちゃんが本来の方向とは反対の方向になってしまうこと）になってしまいました。しかし、逆子を治す体操などを行い、出産間際にはなんとかもとの状態に戻りました。

さらには、妊娠後期になると、赤ちゃんを迎える準備をする期間になってきます。どんなものをどれくらい、いつまでに準備すればいいのか、なども心配事としてあるでしょう。そのような相談にも訪問看護師が相談に乗ることができます。

妊娠当初には薬を減らすことへの不安が強く、薬の種類を変更したことによって気分の落ち込みや変動も見られました。訪問看護の場面で薬以外で気分転換する方法を考えて試してみたり、不安を吐き出す時間をつくることで、「相談する相手がいる」という安心を持ち、薬の変化による情緒の乱れは少なくなっていきました。

また、パートナーもそういう状態を理解してくれてか、仕事をしながらも家事をメインでしてくれ、ご本人の負担が少なくなるように協力をしてくれました。二人目の妊娠でもあり、二人も育てられるのかという不安も強かったのですが、母親としてしっかりしなければならないという想いも日に日に強まり、それまで一人目のお子さんにきつく接することも多かったのですが、お兄ちゃんになるという自覚が生まれるような母親的なかかわりを持つことも多くなりました。

妊娠の経過によってその方が自分で対処する力がとても身に付き、そのつど訪問看護師と相談しながら自分で乗り越えていくことができました。

日々の暮らしの中で、妊娠という初めての経験、体の変化に戸惑い、不安になることがたくさん出てくることと思います。精神科の訪問看護は、そのような妊娠における不安についても相談に乗り、一緒に妊娠経過を見守りながら応援するということもできます。一人では不安だ、親が遠くですぐには対応してもらえない、などという場合でも、訪問看護師が応援し、無事に出産まで支援することができます。

精神科の訪問看護というものを知らない、使ったことがない、という方もたくさんおられますが、私たち訪問看護師はみなさまの人生の伴走者として、共に悩み、共に考え、共に成長していく仲間として、あなたの暮らしを応援します。

このようなサービスもあるということを、この機会にぜひお知りくだされば嬉しく思います。

COLUMN 妊娠中の生活

［助産師、鳥潟ちとせ］

女性にとって、妊娠、出産、育児は喜びでもありますが、同時に不安や心配な気持ちにもなります。妊娠かもと思われたら病院、医院を受診し、出産予定日に合わせ定期検診や、その時期に応じて気をつけなければならないことを検診時、母親学級などで教えてもらえます。

妊娠中は月数に応じ、身体や心（気持ち）にいろんな変化が起こることがあります。

そのためにも、定期検診、母親学級などの指導を受けることはもちろんのこと、家族の方、特にパートナーの理解と協力が大切になってきます。赤ちゃんにとっては胎教といっておなかの中でも、ママの気持ちや周りの方、周りの様子は影響すると言われています。そのためにも、ゆったりした気持ちで過ごすことがとても大切です。出産後も一緒に母親学級などを受けたママ友との関わりもあるようです。ママ1年生は赤ちゃんと一緒にいろんなことを学んでいけると思います。共に育つ、共育ですね。

COLUMN♥ 妊娠期からの支援体制

［保健師、蔭山正子］

妊娠したら妊娠届を役所に提出します。最近では、妊婦さん全員に保健師や助産師などの専門職が面接を行う自治体が増えています。今の精神科や身体科の治療状況、家族のサポート状況などを聞かれ、支援が必要と判断されると、妊娠中から訪問したり、産科と連携した支援が開始されることが多いです。出産後の生活を見据えて、妊娠中からサポート体制をつくっていくことをお勧めします。出産後は、赤ちゃんは昼夜の区別なく授乳する必要があるのですが、精神疾患のある方は夜間の睡眠が大切ですので、誰が夜間の授乳を手伝えるかなど考えておきましょう。出産後は育児のためのヘルパーや障害者向けのヘルパー、訪問看護など訪問して支援を提供してくれる人が大切になります。妊娠中からサービス利用の手続きを相談しておくとよいでしょう。各自治体には、保健センターがあり、お住いの地区を担当する保健師がおりますので、連絡して相談してみてください。

経済的な負担を軽減してくれる制度としては、妊娠届を役所に提出すると、妊娠健康診査を公費で受診できる券をもらえます。また、出産費用に保険は適応されませんが、加入している健康保険から「出産育児一時金」または「家族出産育児一時金」が給付されますので、健康保険組合に問い合わせてください。生活保護でも出産扶助というものがありますので担当者に聞いてください。

◉中絶したくありません

相談

私は精神障害のある女性です。前夫との間に二人の子どもがいますが、病状が悪くなって入院したため、児童養護施設に預けられています。今回、今の夫（精神障害がある）との間で妊娠しました。周囲の支援者に喜んでもらえると思っていたら、「大丈夫なの？」と心配されました。はっきり言われていませんが、中絶したほうがいいような雰囲気を感じました。でも、中絶したくありません。

当事者の考え

▼周囲から歓迎されなかったとのこと、私にも経験があります。悲しいですね。育児は親だけでするものではないと思います。難しければ、いろいろな人に助けてもらって育てればよいのではないでしょうか。

▼同じ精神障害のある女性として、とても憤りを感じます。

〔水月琉凪〕

―体験談―精神科で中絶を勧められ……

結婚して引っ越し後、初めての精神科に行ったとき、妊娠していることを告げると、初見でいきなり中絶を勧められました。それも強い調子で、「精神病のくせに子どもを産もうなんて馬鹿げている。そんな資格はない。子どもに遺伝したらどうするんだ。育てられるはずもない。子どもが可哀想だ」というようなことを散々言われました。ものすごくショックを受け、病院のトイレで泣き崩れたのを強烈に覚えています。今考えると、なんという差別と偏見かと腸（はらわた）が煮えくり返るようですが、当時はただただ悲しくて悔しくて、精神病である自分を呪い、責めました。

幸い夫も家族も喜んで応援してくれたので産むことができましたが、あれでもし中絶していたら、一生後悔したと思います。精神疾患があっても、人として子どもを産む権利も資格もあります。育てるのが難しいならば、そこを支援すればいい話です。中絶すれば一生心に傷が残ります。その傷を誰が癒してくれるのでしょうか。安易に中絶を勧めたり、強制したりしないで欲しいです。

［猫柳ゆーぎ］

一体験談一 生活保護と中絶

私には中絶と流産の経験があります。流産は着床異常ではないかとのことでした。

「居なくならないで」「生きて」 そう願った。叶わなかった。

なのに次の子は中絶しています。なぜなら、間違った情報を鵜呑み（うの）にしてしまったのです。

生活保護を受け直して1か月後に妊娠が分かりました。生活できなくて周囲の関係者がつないでくれて受けられた生活保護。産むことを選んだら生活保護は切られると当時は言われていました。生活保護のケースワーカーに産む選択肢があるのかすら確認せずに中絶をしました。

現在では生活保護にも出産制度があります。産みたいと思うなら必ず確認してみてください。必ず助けてくれる制度はあります。生活保護もそう。保健師さんも相談にのってくれます。

保健師さんは子どもの乳幼児健診の場所にいますし、保健センターにいます。こちらから声をかけるのもアリです。

「体験談」を受けて 〔蔭山正子〕

お二人の体験談は、耳を疑うような話です。

猫柳さんは、中絶をしたことをとても後悔しています。「産むことを選んだら生活保護は切られる」ということはデイケアで聞いたそうです。後述の山田悠平さんのコラムに出てきますが、当時は、旧優生保護法の影響もあったのではないかと想像します。

以前、北海道にある「べてるの家」（精神障害者支援施設を運営する法人）で育児の支援について聞いたことがあります。妊娠したらどんなに病状が悪い人であっても、まず「おめでとう」と言うそうです。そんな当たり前が当たり前になるようにしていきたいです。

COLUMN 子どもをもつ権利 〔山田悠平〕

人間は理性的な存在であると同時に本能に生きる動物とも称されます。それは障害があろうと、なかろうと子どもを残したいという感覚が芽生えることは自然の摂理とも言えます。最近、障害者が子どもをもつことに関連して大きなニュースがありました。旧優生保護法救済法という法律が成立しました。本来、子どもをもつことは、誰しもに認められる権利ですが１９４８年〜１９９６年まで、日本には優生保護法という法律がありました。この法律により、障害があるために、不妊手術が行われ、生殖能力を強制的に奪われた人が数多くいます。

精神障害のある人たちも例外ではありませんでした。「精神障害者の遺伝を防止するための優生手術の実践を促進せしむる財政措置を講ずること」として、精神科医療業界が陳情を行ってきたことも明るみになっています。そして、残念なことに優生保護法から母体保護法に移行した現在においても、残念ながら実質上の強制ともいえる堕胎や断種手術が行れています。

第Ⅳ部
精神障害とセックス

はじめに

［横山恵子］

私は看護師ですが、看護の勉強の中では性（恋愛・セックス）について、ほとんど学ぶ機会はありませんでした。大学で使用している精神看護の教科書を見ると、悪性症候群、肥満・糖尿病、水中毒などと並んで「性機能障害」の項目があり、そこに「抗精神病薬が高プロラクチン血症を引き起こすため、女性では無月経や乳汁分泌（男性でも出現）、男性では勃起障害・射精障害を生じることが知られている」と書かれていました。性に関する看護の記述はほとんど見られず、「セクシャリティに関する有害反応（薬の副作用）は、患者も訴えづらいため、ひそかに悩んで拒薬の理由となることから、看護師のこまやかな気づかいが必要」とわずかに書かれている程度でした。しかし、これも、薬の副作用による「性機能障害」を「拒薬」の危険性に結び付けただけで、性に関する問題を正面から扱っていないことが分かります。あらためて我が国ではタブー視されていると感じます。

『人生ここにあり！』というイタリア映画を御存知でしょうか。イタリアでは、１９７８年にバザーリア法が制定され、精神科病院が閉鎖されました。この映画は１９８３年のミラノを舞台に、その時代の実話をもとにしてつくられています。長い間、精神科病院に閉じ込められ、人として扱われてこなかった患者さんたちが、一般社会に戻されました。元患者さんたちは、戸惑いながらも、徐々に人間性を取り戻していきます。扱われているのは、仕事や住まいだけでなく、男女の恋愛・セックスも生き生きと描かれています。甘い恋愛話だけでなく、精神病への偏見や失恋による若い青年の自殺など、現実もシビアに描かれています。薬が減量されて、体調が戻ると、性への欲求が戻りました。元気になった男性たちが、助成金を使い、団体で車に乗って、娼婦を仕事にしている女性たちのところに行くのです。これは実際にあった話だそうで、１９８０年代に、元患者たちの働く場である、イタリアのポルデノーネという町にある協同組合が娼婦を二人、ＥＣの助成金で土曜の活動のために雇っていた事実があったのだそうです。その話を知った監督はとても感激して、映画に取り入れたといいます。精神障害者の性をこんなふうに、明るく、悪びれず、健康的に扱うのは、さすがにイタリアですが、性を人間の健康な部分として扱っていることに感心しました。

以前、ある家族会の母親から実際に聞いた話ですが、引きこもりにある30代の息子から、「女性に会うために風俗に行きたい」と相談されたそうです。母親は「なに言ってるの」と、息子を一喝したと話しました。女性を求めるのは、若い男性として当然の欲求でしょうし、それを母親にしか相談できなかった息子さんの気持ちを思うと、なんだか悲しくなります。性に伴うことを、あたりまえに話せる仲間、まじめに相談できる場、支援者が必要です。

そのような中で、「性についての座談会」では、架空の登場人物になっていますが、みなさんが率直に話されていることに感心しました。日本もイタリアのように、性を健康なものとして、明るく、当たり前に扱うことのできる、そんな社会にしていかなければと思っています。

「性についての座談会」について

［野間慎太郎］

今回、この本をつくる中で性についても取り上げた方がいいのではという話になり、普段、語ることすらタブーとされる性の悩みについて編集メンバーだけでなくＹＰＳ横浜ピアスタッフ協会のメーリングリストでアンケート（後述）を取り、障害を問わず様々な方から性についての困りごとや悩みを集めました。それをもとに作成したのが第Ⅳ部ですが様々な事情がありプライバシーや匿名性を高めるために特殊な方法を取りましたのでご説明いたします。

まず今回、座談会という形で原稿にしていますが「架空の座談会」となっており、実際には実施していません。前述した通りエピソードをそのまま掲載すると匿名性が保てなくなるためです。性についてはパートナーがいる方も多く、ご本人の了承だけでは原稿にできないケースがあり、一方で貴重な情報として掲載したいためです。そこで「架空の人物」を作成し集まったエピソードを分解、組み合わせ趣旨を変えないことを前提に原稿化しています。切実な声がたくさん届いており世の中に届けたいというみなさんからの想いを形にするためです。どうかご理解いただければと思います。

もう一度、念を押しておきますが「エピソードはすべて事実」です。

全てが精神障害に起因するものではないかもしれません。しかし今まで誰も真剣に取り組んでいないことですのでそれを証明することもできません。ですが現実問題として放置されているため悩みを抱え誰にも相談できずにいることは厳然たる事実であり、そのことによって自己肯定感が下がったり場合によっては性犯罪に巻き込まれているケースもあります。

私たちは少なくともあなた一人の悩みではないんだよということを伝えるために第Ⅳ部に着手しました。なお集まった意見を丁寧にお伝えしたいためストレートな表現を用いますので予めご了承ください。これを機に性について真剣に考え話し合える場所や性についての支援が広がることを願いつつみなさんにお届けします。

性についてのアンケート

２０１９年７月に横浜ピアスタッフ協会のメーリングリストにて参加協力を呼びかけ、グーグルフォームにて集計しました。３０名を超える方から回答をいただくことができました。この回答をもとに『架空の座談会』という形式で原稿化する運びとなりました。

設問は次の通りになります。

- 性別
- 性についての困りごとや悩みごとの有無とその内容
- 医療関係者や支援者に相談した経験の有無、それによって解決したか
- 服薬による性の悩みの有無とその内容について
- 性について語り合える場所や時間が必要かどうかとその理由
- 性に対する価値観や考え方によるパートナーとの関係悪化経験の有無とその理由
- 自慰行為や性生活をサポートするアイテムを知っているか、また使用する必要性について
- ドクターや看護師、支援者も性について学ぶ必要があるか
- 生活や就労のように性についての支援が必要かどうか、その具体的内容
- 障害の有無
- 自由記述

性についての座談会・登場人物

男性陣・障害当事者

バブ・自分の悩みを解決したいと思い座談会を提案。性機能障害経験あり。
金狼（きんろう）・当事者と性風俗産業について知りたいと思い参加。
ＪＢ・バブさんの悩みを聞いて参加。
芹沢・アンケートがきっかけで参加。
ゴウ・性機能障害経験あり。アンケートがきっかけで参加。
香港・逆に悩みがないので参加。風俗店で働いた経験あり。

男性陣・健常者

国分・障害と性の悩みについて懐疑的。
草刈・支援者ということでファシリテーター。

女性陣・障害当事者

リサ・座談会のことを知り女性陣に声をかけ参加。
ペコ・リサさんの友人。性依存の経験あり。
モモ・困りごとの相談先を探していたので参加。セックスが嫌い。
あん・アンケートがきっかけで参加。風俗店で働いた経験あり。

女性陣・健常者

甘夏・病院関係者として勉強のため参加。

性についての座談会

草刈　さて、というわけで今回、性について座談会を開きたいとバブさんから言われたので支援者ということもあり私がファシリを引き受けることにしました。男女混合ということでハラスメントにはみなさん気を付けましょう。

金狼　って言われてもなぁ。そう言われると逆になんにも言えなくなるんだけど。

芹沢　僕もそう思います。なんか、そういうのって男性が損するイメージなんで。なにがハラスメントになるか分からないし。

リサ　それは女性も同じなんだけど。

草刈　じゃあ今日に関してはそういうのを忘れていきましょうか。その代わり終わったらこのことについては口外しないし話題にも出さない。そういうルールにしよう。

国分　んー……もし口に出したらどうなります？

モモ　訴えます。そしたら。

リサ　思い切りビンタするわ。

バブ　まあまあ。とりあえずルールを守ろうよ。みんな大人だし。

金狼　もし約束破った奴は俺がボコボコにするから。よろしく。

ＪＢ　また精神科病院で身体拘束されちゃうよ、金狼さん。

草刈　はいはい、穏やかにいこう。もし嫌な思いをさせたらその場で謝る。それでいいね。じゃあ始めようか。まず発起人に話を聞いてみよう。バブさんよろしく。

双極性障害、もし躁転すると……

バブ　はい。えーと恋愛相談ってわりと身近だと思うんですけど性ってなると相談相手がいないなって思ったのがきっかけで。急にいかがわしい雰囲気になるというか。

香港　一気にエロ本とかの世界だね。

バブ　そうなんですよ。だから情報自体の信ぴょう性がないし、そもそも正解がないものだと思ってるから。そこに僕は精神障害があるから余計に不安だなって。それがきっかけです。

金狼　俺の時代は悩むより行動！　数こなして慣らした方が早い！

JB　それも一つの考え方だとは思うけどいろいろ揉めそう……

香港　いいんじゃないの、揉めても。それも学びだもん。

リサ　出た出た。無責任な男の典型的発言。ほんと最低。そういうの。障害関係ないし。

ゴウ　とりあえず金狼さんと香港さん、謝りましょう。ただボクは障害と無関係ではないと思うのですが。というのもボクは双極性障害なんですけど躁転すると（躁状態になると）性欲がすごくなっちゃうし自分は人類史上に名を遺すような男だと思ってるもので。

バブ　僕も経験あるんで分かります。それ。なんでこんな偉大な男とのセックスを拒むんだお前は！　みたいな感じだったから。

芹沢　双極性障害はそんな風になっちゃうんだね。普段のバブさんからは想像できないけど。

金狼　いいよなぁ。俺なんか薬のせいで性欲があっても体がついてこないからなぁ。

バブ　全然よくないんですよ。僕は結婚してるけどいつでもセックスできるわけじゃないからむしろ辛いですよ。我慢の連続なのですごいストレスなんですよ。

あん　私も経験あるから分かります。でも男性に比べて言いづらいからっていうか誰にも言えないし。女性の方がストレスだと思うんですけど……。

ペコ　そういうときってどうするの？　あんさんは。

あん　出会い系を使っちゃうかなぁ。やっぱり我慢するのツラいし……すぐに相手が見つかるから。

甘夏　よくないよ、それは。もっと自分を大切にしてほしいな。

リサ　なにそれ。よくないって価値観の押し付けは迷惑なんですけど。自分を大切とか言うけど何で気軽にセックスすることがダメなわけ？

ペコ　そう、本当にそう。だってセックスしてる間は大切にしてもらえるもん。

リサ　それも人によるけどさぁ。あたしは薬飲んでぼーっとしてたせいもあるけど物みたいに扱われたし妊娠しちゃったし。結局、男は逃げちゃうし。マジ最悪だった。

モモ　男の人ってほんとに勝手ですよね。

草刈　男性陣、旗色（はたいろ）が悪いけど平気かな。

香港　この手の話になると男性は立場が悪くなりがちだよね。

社会と接する機会が少ない私たち

金狼　とかく男はセックスしたいだけの生き物みたいな印象があるしなぁ。否定できないところもあるけどよ。

ＪＢ　ただそれって極論で行けばアダルト動画とかが原因かもしれないね。あれってやっぱり男の理想というかエゴの塊みたいなものだから。

草刈　極論というと？

ＪＢ　なんて言うか、世代によるとは思うけど僕ら世代はああいうのでセックスを知るし、他を知らなければあれが当たり前というか疑わないというか。

国分　それは障害と関係ないんじゃないの？　経験のなさというかさ。誰でもそうだよ。

ＪＢ　そうは言うけど僕みたいに発症が10代～20代前半だと経験もなにもないですよ。その間はずっと病院にいるから接する人も限りなく少ないし。

芹沢　退院してから引きこもっていることもあります。けっこう。僕はそうでしたから。

バブ　経験不足というか社会と接してないから経験の積みようがないですよね。

金狼　そうだよなぁ。風俗だって結局は男の理想で回ってるようなもんだし。

芹沢　そう。だから余計に訳が分からないし屈折したままだよ。むしろどんどん屈折するかもしれない。ルールの範囲なら自由だから。逆に自由過ぎて分からなくなるんだよね。

モモ　あの、風俗って言葉は聞きますけどセックスできるお店のことですか？

バブ　えっといろいろあるんです。説明が難しいと言うか、けっこう複雑で。

香港　じゃあボクが働いたことがあるから説明するよ。一般的に風俗というものは、「風俗営業等の規制及び業務の適正化等に関する法律」で規定されていて、店舗型性風俗特殊営業のソープランドと店舗型ファッションヘルス、無店舗型性風俗特殊営業の派遣型ファッションヘルス等のことを言っていると思う。複雑だし、違法営業もあるのでちょっと説明しにくいな。サービスの質も様々だから気をつけてね。

金狼　お袋くらい年の離れたお姉さんが出てきたりな。

香港　あとは性感染症のリスクも上がっていくね。そういう管理もしてないから。ボクが働いていたお店では定期的に検査してたけど。

あん　あの、実は私、ピンサロ（サービスがオーラルのみ）でちょっと働いていたことがあるんです。そのときはすごく辛かったというか、仕事自体もそうなんですけど女性はモノ扱いでした。性感染症にもなったけどお店には言えなかったし。検査してるってお店もあるんでしょうけど抜き打ちじゃなかったらごまかせちゃうし。

バブ　ってことはお客さんにどんどんうつしてるってことですか？

あん　そうです。悪いとは思いますけど私が感染してるってお店にバレると出勤できないからお金も無くなるし。クビになっちゃったら生きていけなくなるし。

金狼　んー……被害者ってとこだな。むしろ。

ゴウ　ボクからしたら天使です。お金はかかるけど優しくしてくれます。コミュニケーションできなくても優しくしてくれます。

草刈　でもそうなると働いている女性（セックスワー

カー）のみなさんは体がボロボロになってしまうんじゃない？

あん　ボロボロです。心も。でも他に働けるところがないから仕方ないんです。

リサ　ほぼ被害者。男の。

ゴウ　その構図がボクは逆に性についての偏見を助長していると思いますけどね。

リサ　ん？　どういうこと？

ゴウ　つまりですよ、男性はセックスをしたくてたまらない生き物で女性は常にその犠牲者になる。このロジックだと女性はセックスをしたいと思ってはいけないような印象になる。つまりセックスについて明け透けに話すこと自体がタブーになるわけです。でも男性は気軽にどこでも話してる。だからいつまで経っても偏見が無くならない。

薬の副作用で……

草刈　ちょっといいかな。なんだか精神障害は関係なくなってきたね。

香港　それはそうでしょ。性の悩みは人類共通でもあるんだから。

国分　そうなるとやっぱり精神障害はあんまり関係ないってことでいい？　まぁ最初に出たコミュニケーションとか経験というところと薬の副作用くらいなんでしょ？　あとはお金くらい？

金狼　しれっと簡単に言うんじゃねぇよ。

国分　でも実際そうだよね？　聞いてる限り健常者と大差ないよ。コミュニケーションは誰だって最初はヘタだし。副作用は大変なんだろうけどお金がないのは健常者も一緒だし。だから話を聞いてるとあんまり関係ないと思うんだよね。

ゴウ　あります。ボクは薬のせいでオナニーすらできなかった。

バブ　薬のせいでＥＤ（勃起障害）になったとかですか？

ゴウ　それもありましたがボクは握力の調整ができなくなったんです。強く握りすぎてしまって自分の手以外では射精できなくなってしまったんです。

金狼　射精障害ってやつね。それ。

バブ　あ、それなら僕もそうだ。セックスしても最後は自分の手だから。

芹沢　それも障害なの？　そしたら僕もだ。僕はセックスのときもセクシービデオ見てないと興奮しなくなってしまいました。障害なんですか……。

香港　僕もそれやってる。AVないとダメ。なんかダメなんだよね。

リサ　なんなの、それ。すっごい侮辱されてる気分になる。あり得ないんだけど。

草刈　確かに女性からしたらイヤな感じだね。女性陣はどうなんだろう？　そのあたりの事情は。

モモ　私はそもそもセックスが嫌いです。いつも痛くてずっと我慢してる感じです。

金狼　それじゃ長続きしないんじゃないか？

モモ　私が我慢してれば済むから。夫のことは大好きだからいいんです。

バブ　なんかそれはそれで苦しい気もするけど。

モモ　そのことで嫌われるくらいなら我慢できるんです。

リサ　アタシ無理だなー。それは。ちゃんと解決したい。

香港　相談できる相手っている？　僕の場合は解決したくても相談相手がいないんだけど。

性について、支援はないの？

草刈　ドクターはどうなのかな？

バブ　僕の主治医はわりと相談に乗ってくれますね。分かる範囲ですけど。

ゴウ　ボクはドクターから怒られました。

金狼　怒られたってゴウさんなにしたのよ。

ゴウ　なにもしてません。ただオナニーがうまくできなくなったから困ったと話をしただけです。そしたら『別に死なないからいいんじゃない』と。

金狼　俺なら死んだ方がマシかもしれん……。

ゴウ　そうでしょう？　ボクだってそうですよ。でもそうやって突っぱねられると二度と聞けない。また怒られるわけだから。

芹沢　だよねぇ。だからって支援センターのスタッフとかにも聞けないもんねぇ。

草刈　デイケアの職員とかはどうだろう？

ペコ　絶対聞けない。たぶん聞いてくれないし恥ずかしいし。

あん　私もそう思います。私が通っていたデイケアは恋愛禁止だったから余計に聞けない。そんなこと。

モモ　同じメンバーにも聞けませんよね。やっぱり恥ずかしいし。

バブ　なんかやっぱりまずは退院とかリカバリーが優先！　みたいな感じですよね。他にやることあるだろうみたいな感じかも。

金狼　オレだったら支援計画書の長期目標はソープに行くこととかにしたいくらいな。

香港　思い切り怒られそうだね。それは。気持ちは分かるけど。

金狼　でもそのために働くだろ？　働くためには生活リズムとか整えるわけだよ。オレからしたらいいことずくめだぜ。

ＪＢ　確かに一理ありますね。それ。というかなんにも問題ないと思いますけど。でも怒られるんですよね。実際は。不思議だ……。

ゴウ　少し違うかもしれませんがボクは長期目標に彼女をつくるとお願いしたら怒られました。

ペコ　あ、それなら私も同じ経験があります。その前にやることがあるでしょうって。

リサ　退院したら地域で生活して就労する以外、頭にないわよね。

芹沢　そうだよね。だから性について相談する相手が全くいないままで。

草刈　じゃあたとえばどんなことをできたらいいんだろう？

ゴウ　入院中にセックスについて研修みたいなことをできないでしょうか。時間もたくさんあるので。避妊具の使い方とかも学びたいです。

あん　デイケアでもいいかもしれませんね。そういうのがあると。

香港　それこそオナニーの仕方だって教えた方がいいのかもしれないよね。将来的なことを考えると。これだけ射精障害の男性が多いわけだから。

国分　それは正直、健常者の僕でも受けてみたいな。

芹沢　性について自由に考えるっていうことは自由に生きることに近いのかもしれないね。

ＪＢ　なんだか名言が飛び出てきたよ。

なんか変だぞ、支援者たち

モモ　それこそ私、妊活したいって通所先の職員に相談したら頭ごなしに否定されてすごく悲しくなりました。しかもお昼休みにその職員が自分の子どもの話を私にしてきて。

リサ　最低。なんなの。それ。

モモ　それで私、言ったんです。まるで私に対する当てつけみたいなのでやめてほしいって。聞いてて辛いから。そしたら「それはあなたの認知が歪んでるせいよ」って。

バブ　歪んでるのはあんたの性格だよって話ですね。

ＪＢ　少しズレたことを言うとそういう処理をするスタッフは多いです。ドクターも。

芹沢　楽ですからね。そうしておけば。とりあえず認知の問題で片づけておけば。

金狼　たまったもんじゃねぇな。マジで。

草刈　ちょっと話が逸れてきたからいったん戻そうか。みんなの話を総合すると性についての支援もあった方がいいということなのかな？

バブ　僕はあったら助かりますね。やっぱり悩んでることは今もあるし場合によっては自己肯定感も下がっちゃうので。

芹沢　性についての支援ってきっと支援者も分からないからできないだけなのかも。

ペコ　だったら勉強してほしいです。支援者もドクターも。みんな。みんなで一緒に考えたりしたい。一人の問題じゃないって分かるだけでもいいと思う。

ゴウ　ボクみたいにオナニーができないときに手伝ってくれたらと思います。

国分　うん、それは風俗に行けばいいだけの話でしょ。

バブ　いやいや、そういうことじゃないと思います。お金の問題もあるので。

ゴウ　そういうときに使えるアイテムとかを紹介してくれるだけでもいいんですよ。とにかく情報が足りない。

あん　それは私も思いました。改めて性についての情報がすごく少ないしなにを信じたらいいか分からないと思いました。だから性欲が強いのは自分が悪いんだって。おかしいんだって思ってしまったり。

金狼　総じて俺たち当事者は接する人間の数も少ない。ってことは入ってくる情報も少ない。ネットでなんでも調べられるけどなにを調べていいかも分からん。

人と人のつながりってなに？

甘夏　みなさんのお話を聞いていると私も医療側として病院内での勉強会や座談会のようなことができたらと思いました。みなさんの話を聞いていると私自身の悩みにもつながっていて気づかされることがたくさんありましたから。

バブ　ということは甘夏さんも悩んでいたわけですね？

甘夏　はい、実は。誰にも相談できなかったんですけど夫がEDで妊活が捗（はかど）らないせいで夫にイライラしてしまったりしていて。今、すごく反省してます。夫はもっと苦しんでるんだって。

金狼　俺が旦那だったら泣き崩れる日々だな。

芹沢　いや金狼さん家出して浮気するでしょ。

金狼　否定できねぇ……なんか腹立つな。

リサ　ねぇ、それで傷つくのは甘夏さんだけよね。

バブ　そうかなぁ。旦那さんはすでに傷ついていると思いますよ。だからって浮気していい理由にはなりませんけど。

モモ　でもそれだとお互い傷ついて終わりじゃないですか。誰も救われない。

草刈　原因について考えたことはあるのかな？　甘夏さんご夫婦は。

甘夏　単純に忙しいというのはあると思います。お互いシフト勤務だから生活リズムもすれ違い気味だし。

ペコ　それは普段からコミュニケーションが足りていない感じですか？

甘夏　んー……そうですね。言われてみればあんまり話をする時間がないかもしれません。

国分　うん、僕も忙しいときはいろいろ煩わしくなることはある。一人の時間が無くなってくるのがイヤなんだよね。

リサ　ん？　どういうこと？　一人になりたいってことなの？

国分　結婚してそれなりに時間が経ってるからね。いつも一緒だとなんだか息が詰まるんだよ。

ゴウ　ボクからしたら羨ましいを通り越して腹が立つ発言ですね。

ＪＢ　僕もそれはなんとなくだけど分かるかも。四六時中、一緒にいるとちょっと息抜きしたくなるから。嫌いになるとかじゃなくて。余裕がなくなってくるんですよ。なんとなく。

あん　あ、それかも。原因。

甘夏　夫に余裕がないこと？

あん　はい。余裕がないから気が休まらないのかなと思って。

ババ　確かにリラックスしてないと妊活は辛いかも。その気になれないような。

リサ　でもそれって甘夏さんもじゃない？　余裕がないから旦那さんにきつく当たっちゃうのかもしれない。

金狼　悪循環でしかないな。そうなると。

ＪＢ　たぶん、なんとなくですけどちゃんと話し合った方がいいと思います。そういうのは僕もいろいろと苦労したけど話し合うことって大切でした。同じ方向を向くというか。

モモ　妊活に限った話じゃないような気がする。私は。

芹沢　実際、そうでしょ。妊活も日常のセックスもコミュニケーションありきだと僕は思う。そこを端折るといい結果にならないというか。虚しくなるんじゃないかな。

あん　風俗店でもある程度のコミュニケーションは取ってました。お客さんが緊張していたりしたから。私も緊張しているし話すと少し落ち着くんです。

金狼　俺が思うに甘夏さんの旦那さんは卑屈になっ

てんじゃないか？　ＥＤの自分が悪いからなにも言えない、自分が我慢すりゃいいって。全部、自分のせいにしてる気がするな。

ゴウ　ボクらみたいに薬の副作用という大義名分みたいなものがないと辛さが増す気がしてきました。

国分　そうなんだよ。健常者は逃げ場がない。むしろ障害者より辛いと僕は思ってる。

リサ　やけに強調するわね。そこ。

国分　だってそうだもん。だから治療薬があって専門病院まであるわけでしょ。

バブ　でもさっきの話だとコミュニケーションで解決できそうでしたよ。

モモ　私はなんていうか、そのＥＤでもいいです。大切な人と肌を合わせてれば幸せというか安心できるから。

芹沢　妊活してなければそれでもいいと僕も思う。調子が悪いときっていつもより不安で寂しくなるから包んでほしくなりますね。

結局、大切なのはなんだろう

草刈　みんなの話を聞いているとやっぱりコミュニケーションなのかな？　大切なのは。

リサ　物理的につながることより精神的なつながりの方がアタシはほしいかも。

ペコ　あ、でもそれも難しいです。私……その性依存になってしまったことがあって。つながっていたい気持ちがなかなか満たされなくて、とりあえず体がつながっていれば気持ちもつながるんじゃないかって。そう思っていたら性依存になっていました。

あん　それって私もそうなのかも……。

バブ　あんさん、さっき言ってましたよね。出会い系使っちゃうって。

あん　うん、たまに寂しさで潰れちゃいそうになるから。私。そういうときに出会い系に行っちゃう。

国分　別にいいんじゃないって僕は思う。大人なんだし。自由でいいじゃん。

あん　たまにお小遣いにもなるの……内緒だけど。
甘夏　それって売春だから犯罪じゃない。それはダメよ。
香港　うーんいかにも支援者らしい発言だね。素晴らしい。実に一方的で。
甘夏　だってそうでしょう。個人の倫理観ならともかく法を犯すのは間違ってると思う。どんなに寂しくてもそれはダメ。
草刈　甘夏さん決めつけるのは避けましょう。こうして正直に話してくれているわけだから。
ババ　確かに法に触れるのはよくないと思いますけど、そうしないと孤立してしまうことが根本的な問題かもしれませんね。
ペコ　もともと精神障害があるだけで嫌われてたりしますから。優しくしてくれると嬉しくなっちゃうんですよね。あんさんの気持ち分かります。
JB　なぜか精神障害って後ろめたいというか、日陰だよね。
ゴウ　そうです。こんなボクなんか誰も相手にしてくれない。いつもそう思ってます。
リサ　だから相手にしてくれると嬉しいのよね。すっごく。
国分　それは健常者も同じだって。コンプレックスと似たようなもんでしょ。
芹沢　いや、僕らはコンプレックスを抱えた上に障害があるわけですよ。
金狼　ついでに金もねぇし。まるでいいとこ無しだな。泣けてきた。
香港　結局は平たく言うと自己肯定感の問題なんだよね。あとはスティグマ（偏見）か。
モモ　精神障害というだけでもう自己肯定感もなにもないと思ってます。私は。
ババ　でもそのままだとなにも解決しないですよね。だからずっと辛いと思います。そのことが一番、苦しいと僕は思います。
リサ　だからアタシたちは自分で考えて行動するわけ。でもそれで失敗する。
国分　それでいいんだよ。そうやって失敗を繰り返してみんな学んでいくんだもん。入院して空白みたいな時期があるなら埋めていけばいいじゃん。

僕は挑戦することが大切だと思う。性についてだってそうだよ。

金狼　簡単に言うけどよ、いろいろとそれなりにリスクがあるだろ。それを考えると二の足を踏んじまうのは仕方ないんじゃねぇかな。やっぱり怖いからな。

JB　たぶん……根本的には変わらないんだと思います。性については。ただ僕らは傷つきやすいし立ち直るのに時間がかかるから臆病になってしまう。そこは分かってほしい。

芹沢　まぁ精神障害者である前に人間だからね。根っこは同じだよね。

ペコ　そっか……そうですよね。私、障害ってことに囚われ過ぎていたかもしれません。

話し合って見えてきた私たちとセックス

バブ　もう時間がないんだけど、今回の座談会を提案したのは話合いのなかで、さきほどの自己肯定感を得たいという気持ちがあったんです。

JB　うん、みなさんでこうして話をしてるだけでもちょっと安心できましたし。

ゴウ　みんなも悩んでるということが分かるだけでも安心できますね。

モモ　男女が一緒というのが私はよかったです。夫の気持ちも同時に理解できるような感じです。最初は少し抵抗があったけど。

リサ　男性って女性が思っている以上に繊細なんだなって思った。反省してまーす。

バブ　たぶん僕らが痛い目に遭ったり傷ついたときにちゃんと支えてくれる人がいるってことが分かっていればもう少し勇気を出して行動に移れるのかもしれません。

香港　そうだねぇ。やっぱり正解なんてないんだもんね。

リサ　それ、大事。誰も言ってくれなかったもん。正解がないことが正解だって。

国分　僕は健常者ってことにこだわり過ぎていたかもしれないなぁ。

ペコ　こうやって話し合える場所があるといいかも

しれませんね。なんか安心できました。みんなも悩んでることが分かるだけでこんなに楽になるんですね。

甘夏　まさか私は夫との関係性を見直すきっかけをもらえるなんて想像もしてませんでした。すごく救われたというか、ペコさんと同じで安心できました。性についての支援ってもしかしたら包括的な生活支援につながるのかもしれないと思いました。

あん　今まで私、性依存のことって誰にも話してなかったんです。言えるわけないって。言ったらもっと傷つくだけだって。でもみなさんと話していたらなんとなく同じ気持ちは持ってるんだなって。それだけですごくホッとしました。

香港　もっといろんな人と同じテーマで話してみたいと思ったよ。

リサ　そうよね。たくさんの考えが集まれば必要なものが見えてくるわけだし。

JB　ニーズというか僕らも整理する必要を感じました。性についてどんな支援がほしいのかって漠然とじゃなくて個別というか、個々で考えることなんじゃないかって。

バブ　やっぱりまずは情報だと思います。これだけネットが浸透してると情報が氾濫していますよね。取捨選択がすごく難しいし、やっぱりどの情報を選ぶかで変わるし変な方向にも行ってしまうんだなと思います。

国分　だとしたらネットじゃないよね。こうして集まって生の声をやりとりすればいいじゃない。机上の空論じゃあなくて、んー……さっきみんなが言ってたコミュニケーションなんじゃないかなぁ。

芹沢　血の通った情報ですね。

金狼　おっとまた名言が飛び出したぜ。俺は……なんて言うかな。まず自分を知ることだなって思ったわ。自分が分からねぇと自制もへったくれもねぇじゃんって。

バブ　お、金狼さんが成長してる。明日は大雨が降るかも。いや槍かも。

金狼　血の雨かもしれねぇなぁ……バブちゃん。

香港　まぁまぁ。金狼さんが成長しただけでも価値があるよ。うん。

ペコ　私も……自己満足かもしれないけど成長できた気がします。

芹沢　自己満足、大いに結構でしょ。満足してるんだから。

ＪＢ　芹沢さんって次々に名言が出てきますね。すごいな。

草刈　なんだかみんないい顔をしてるよ。明るくなった。次はファシリじゃなくて僕も参加したいですよ。

国分　すごく建設的な座談会だったね。それだけみんなが真剣に悩んでるんだって分かったし、自分の考え方を見直すきっかけにもなったねぇ。大前提で人間ってことを意識してなかったなぁ。

ゴウ　ボクだけが悩んでるわけではないと言うことが分かるだけでこんなに安心できるものなんですね。今日はよく眠れそうです。

香港　僕は悩みがないと思っていたけど考えていないだけなのかもしれないと思ったよ。みんなの話を聞いていたらいろいろ、当てはまっちゃって。

草刈　じゃあそろそろ終わりでいいかな。いい方向に進んでいけそうだから。

全員　ありがとうございました！　お疲れ様です。

COLUMN　座談会を読んで　［ＴＥＮＧＡヘルスケア］

身体障害者への性生活支援については取り組みが行われつつありますが、精神障害者の性生活については支援がほとんど行われていない状況にあります。そのため、すでに身体障害者・高齢者支援、性教育、妊活支援、性機能障害改善・予防など性生活支援に広く取り組まれている、「株式会社ＴＥＮＧＡヘルスケア」にご意見をいただき、これからの精神障害者の性生活支援を考えるにあたって参考にしたいと思います。

TENGAヘルスケアの佐藤雅信さんと古川直子さんにご意見をいただきました。

◉今後必要と考えられた精神障害者の性への支援

今回座談会の内容を拝見して、悩みは健常者と変わらないのだな、というのがまず初めに感じたことでした。健常者の悩みと違いがあるとすれば大きく二つ、一つは薬による副作用に関すること、もう一つは金銭(収入)面のことです。また、精神障害のある男性に膣内射精障害が多いのではないかということが気になりました。

必要だと思った支援としては、大きく四つあります。

① 性に関する知識の提供

座談会参加者のほぼ全員が性教育を受けてきたという認識がないように感じました。そして、精神障害との向き合い方、たとえば薬の副作用がどのように影響するかなど、治療の段階であまり医師からも説明を受けられなかったり、メリット・デメリットについて長期的に説明をされていないのではないかと感じました。もし早い段階で(症状や障害の重さによってはやむを得ない場合を除き)向き合うことができれば、今のような不満や不安も軽減されていたのではないかと思います。薬の副作用については、精神疾患に関する専門家の相談窓口を用意することも検討できると思います。

② 専門職の理解

精神障害者の方たちが施設や医療機関などで、理解を得られないがために、専門職の方々から、心ない言葉をかけられる事実が度々見受けられて、とても残念でした。本来であれば、そのような専門職(医師を含め)の方は、患者さんであるみなさんを守り、ケアやサポートをする立場であるにもかかわらず、偏見や先入観、誤った知識をお持ちの方が少なからずおり、そのような方の言葉や態度によって、傷つく患者さんがいるという事実を知りました。

③　相談できる場所の確保

健常者でも同じですが、相談できる場所が必要だと感じました。弊社においても、性の悩みや問題を解決するということをミッションにしておりますので、より直接的に行えるように相談の窓口を設けるなど対応していきたいと思います。現状、中高生向け性教育として「セイシル」というサイトを運営し、思春期ならではのお悩み解決サポートをしています。今後は当事者の方向けに性のお悩み相談の実施や講演などを検討したいと思います。

④　経済的問題

精神障害をお持ちの方にとっては、性生活を豊かにするための製品を購入するにも金銭的な負担があるということですので、弊社でも障害者割引などを検討したいと思います。

弊社の製品が役に立ちそうな方もいました。膣内射精障害の方には、メンズトレーニングカップ フィニッシュトレーニング、モモさんのように挿入時の痛みがある方には、セックスを楽しむための商品（バイブレーターなど）、痛みを軽減するためのモイストケアジェル（潤滑ジェル）があります。妊活中の男性には勃起薬やサプリメントもあります。

今回この座談会に参加して、本当に問題が複雑化しており、目を背けてはいけない問題であると感じました。このように潜在的な問題が顕在化することで、より自分事のように感じてくれるのではと思いました。これからも同じ悩みを持つ方たちの声を吸い上げて、ぜひ伝えていただけたらと思います。

お問合せメールはこちら　↓　cs@tengahealthcare.co.jp

（性生活のサポートをしている企業ＴＥＮＧＡヘルスケア　佐藤雅信・古川直子）

COLUMN

精神障害者の性の悩み

［保健師、蔭山正子］

精神障害があるが故の性の悩みとはなにか、私たち編集メンバーが様々な方法で当事者の声を集めて、座談会という方法でご紹介しました。

●症状と性行為

症状と性行為について、躁状態におきやすい性の逸脱行為が語られました。躁状態では、不倫、見ず知らずの人との見境のない性行為などがおきることがあり、性感染症や人間関係のトラブルなどのリスクを考えずに性行為を行ってしまうことが多いと言われています。* たとえ症状とは言え、周囲を傷つける行為であり、ご本人にとっても周囲にとってもつらい状況になりますので、症状のコントロールが必要です。

座談会では性依存症も取り上げられました。性依存症とは、多数の相手と性的関係を結んだり、性的刺激を求めて長時間視聴したり、倫理的に問題となる性交渉を繰り返すなど、「性という依存対象にとらわれて社会生活が破綻」している状態と言われます。** これが病気だという感覚は持ちにくいかもしれませんが、アルコール依存症や薬物依存症と同じように、望ましくない事態を招くことがあると分かっていながら、止めることができない病気で、治療が必要な病気とされています。

●薬の副作用

抗精神病薬の副作用には、性的副作用もあり、性欲減退、勃起不全、射精障害、オルガズムの困難などがあります。また、高プロラクチン血症で生理不順、乳汁分泌が起きることがあります。*** 座談会では、副作用の錐体外路症状（スムーズには動作ができない）による性行為への支障も語られていました。また、座談会では、眠気や過鎮静の副作用での性被害についても語られました。

これらの副作用は、医療従事者からすると治療を優先するために重要視されないことがありますが、当人にとっては重大な問題だと思います。性の問題を相談しやすい関係性、相談されたときの親身な対応が求められます。

◉コミュニケーション障害

性行為は、言葉ではないコミュニケーションでもありますし、微妙な同意によって始まることもあります。ある精神障害のある女性は、「部屋に行ってもいい？」という男性からの言葉を額面通りにとってしまい、性交渉をせまられてトラブルになりました。精神障害の場合、認知機能障害が生じることがあり、相手の微妙なニュアンスや意図を読み取ることが苦手です。性行為の場合は、特にはっきりと言われないことと思いますので、特に女性は気をつける必要があると思いますし、断り方をＳＳＴ（ソーシャルスキルトレーニング）などで練習するといいと思います。男性の場合は、性欲がむき出しになってしまっている方や、セクシャルハラスメントにあたる発言をされる方もいます。相手が不快に感じてしまうことがありますので、マナーを確認する機会も必要かもしれません。

◉経験・情報不足

統合失調症などの精神疾患は、思春期に発病することが多いため、発病すると恋愛を経験する機会を逸してしまうことがあります。思春期ですと、友達同士で情報交換することも多いと思いますが、大人になってから、知識不足や経験不足を打ち明けることはためらわれるのではないでしょうか。性について悩みを共有できる場や、安心して相談できる支援者の存在が必要だと思います。

その他にも、自己肯定感の低さ、経済的な問題なども、ある程度精神疾患のある人にみられやすい課題も性行為に関係するようでした。

私自身、性の話題は苦手でした。今も得意ではありません。しかし、向き合わなければいけないと覚悟を決めてたくさんの方の話を聞いているうちに、抵抗がなくなってきました。支援者も変わっていく必要があると、自身の体験から思います。

＊American Psychiatric Association、監修日本精神神経学会、監訳高橋三郎・大野裕『ＤＳＭ－５精神疾患の診断・統計マ

ニュアル』医学書院、２０１４
＊＊吉岡隆「性依存症」松下年子・日下修一編著『アディクション看護学』メヂカルフレンド社、２０１１
＊＊＊すまいるナビゲーター「お薬について」https://www.smilenavigator.jp/tougou/medicine/

あとがき

改めて思うことは、当事者といってもその経験に違いもあり恋愛観も様々だということです。今回の本づくりのプロジェクトの意義は、こういった違いを乗り越えてつまり正解か否かではなく、精神障害のある者たちが、自身の経験を語ること自体にあったと思っています。というのも、この類のテーマが福祉領域においても稀有であることが明らかなように、どこか語ること自体に憚(はばか)られる空気が21世紀の日本には現にまだあるからです。

今回のプロジェクトに私自身が関わるきっかけは、蔭山正子先生からお声がけをいただいたことでした。蔭山先生が示してくれた方針は、当事者の体験談をより好みせずに採用するということでした。あるとき、会議の帰り道に「なにごとも人とのつながりは1回限りではなく、続いていくものですから」と言われたことがありました。ご縁を活かすスタンスに、かっこいいなと思いました。

蔭山先生については実を言うと、当事者の暴力をテーマにした著作の印象が強く今回の関わりにいささか不安があったのも正直なところです。先生はこれまでも精神障害がある当事者や家族が語らず抱えてきた領域を掘り下げることに尽力されてきました。まさに良いも悪いもタブーを恐れない人です。そういう意味でもこの本は、精神障害がある人の恋愛等々のタブーに切り込んだと私は思っています。

この本を読まれた皆さんはどのように感じましたか？　記憶に残ったエピソードなどありましたか？　今回私自身も当事者仲間の経験を自身と相対化する中で、大いに学ばせていただきました。それは、多くの人間が自然ともつ本能を精神障害があるということで直接的にも間接的にも当事者が諦めさせられている実態があるということです。そして、このような不条理を変えていくためのスタートは、私たち当事者の行動だということです。

このような気付きを与えてくれたプロジェクトのメンバーの皆さんはじめ関係者に改めて謝意を表します。お疲れ様でした。とても楽しいプロジェクトでした。そして、これからもよろしくお願いします。

精神障害当事者会ポルケ代表　山田悠平

＊

この本を読み、みなさまはどのように感じられたでしょうか。私はあらためて、恋愛や結婚は、障害のあるなしに関わらず、誰にとっても素敵なことなのだと教えられたように思いました。本に原稿を寄せてくださった方々は、特別な人ではない、普通の方々ですが、それぞれ人間的な魅力を持った方々ばかりでした。

パートナーを持つこと、恋愛や結婚は、人生に彩を与え、人生を豊かにし、人を成長させるものなんですね。私はこの歳になっても、今も、自分の10代20代の頃の、初恋や片想い、恋愛のプロセスを、はっきりと思い出すことができます。人に話すのはとても恥ずかしいけれど、それは楽しく、甘酸っぱく、とても楽しく幸せな時間でした。でも一方で、うまくいくばかりではありませんから、辛く苦しい思いもたくさんしました。人が他者と親密な関係を持とうとする過程は、勇気を必要とする挑戦の連続であり、成功しても、失敗しても、その後の人生にとって貴重な経験になると思っています。

人は人の中でしか生きられず、人の中で傷つきますが、その傷ついた心は人の中でしか、癒されないと言われます。この本の中の、一つ一つの体験には、苦労はあるものの、それらを通して成長している過程が見えます。それは、自分の人生を生きることであり、自分にとってのリカバリーの過程だということなのでしょう。

このあとがきを書いているときに、ちょうど娘の結婚式がありました。娘は、初めて出会った男性と、3か月後には入籍、本当に驚くほどのスピード結婚でした。運命のように、二人は出会ったとたん、とても気があったようです。もちろん、人生、これからいろいろな苦労もしていくことでしょう。でも、そんなことが身近にあったので、こんな出会いもあるんだなあと思いました。誰にとっても恋愛はミステリアスで、二人の出会いは偶然とタイミングに支配されるように思います。努力だけでは、なかなか成就しませんが、パートナーを持ちたいという思いを持つことが、互いの運命をひきつけ合い、出会いとなり、二人の歩く道につながるように思います。そして、その過程は喜びであり、その人の人生を豊かにするように思います。

これまで、精神障害を持つ人の恋愛というと、なにか特別なもののように扱われていました。10年位前のことですが、ある精神障害者家族の交流会に参加した際に、親御さんが娘さんの恋愛についての悩みを話していました。娘さんがデイケアに通う中で、同じ病気を持つ男性との恋愛が始まったそうです。しかし、互いの親がそれを心配し、親同士が相談をして二人を別れさせたのだといいます。その結果、どちらもとても具合が悪くなってしまって、今はとても困っているのだという話でした。この時代に、こんなひどいことがあるのかと思いますが、少し前には、障害者同士の恋愛や結婚は、ある意味タブーのような時代があったのです。いえいえ、今もなお、デイケアや作業所では、恋愛禁止になっているところもあるようですから、変わらないですね。

恋愛はもちろんメンバー同士でなくても、ごく普通に生まれることです。人が人を好きになること、それは当然のことです。恋愛には、周囲がどのように見守るかが、いつも大切であるように思います。

しかし、実は一番、恋愛に臆病にさせているのは、当事者自身の気持ちではないでしょうか。そういう意味で、この本は、当事者自身が真っ先に読んでほしい。そして、あらためて、自分自身の恋愛や結婚を、夢ではなくて現実のものとして、真剣に考えてもらえたらと思います。そして、そのご家族、支援者にも読んでほしい本です。

最後に、今、私は精神障害の親をもつ子どもを支援し、「精神疾患の親をもつ子どもの会（こどもぴあ）」という、子どもの立場の家族会を支援していますが、その代表、副代表の20代の若者が、「親が病気だったことは不幸ではない」と言うんですね。育つ過程では、親を憎む程に苦労して、辛い思いもしています。それでも、親を大切に思っているし、愛しているって言います。「辛かったのは、親が病気だったからではない。親子が孤立して、誰も助けてくれなかったから」だと言います。親が病気であることを聞いている子どもは、病気を身近に感じ、看護師、精神保健福祉士、作業療法士など、精神保健医療福祉の支援者になっている人たちがたくさんいます。みんなとてもしっかり、育っています。ですから、臆病にならず、たくさん恋愛し、愛し合い、結婚してください。そして、子どもを育ててください。でも、絶対に孤立してはいけません。周囲に信頼できる仲間や支援者を持ち、必要があれば、遠慮なくサービスを受けてください。上手に必要な支援を受ける力を持つこと、それが、自分たちの安定した生活、そして生まれてくる子どもの幸せにつながることだと思います。

これから人を愛することに挑戦しようとするみなさんに、心より、エールを送ります。

横山恵子

おわりに

私が蔭山先生からこの本の執筆を打診されたとき、率直に言ってしまうと「恋愛は障害云々ではなく人間性の問題だよね」と考えていました。ですから初めて原稿のQ＆Aを読んだ際はちょっとがっかりしたのを覚えています。このまま本にするのであれば巷に氾濫している恋愛マニュアルとなに一つ変わらないと感じたからです。

しかし、それはあくまで私が妻と発症前に出会い、結婚しているからであり、もちろんそれはそれでいろいろと大変なこともありましたが、まず執筆するにあたって、もし私が多感な時期を入院病棟で過ごしていたらどうだろうかとか、引きこもりで社会経験が希薄だったらどうだろうと自問するところから始めました。ピアの本質でもある寄り添うことからまずは始めなければ読んでほしい人たちに届かないと考えたからです。

入院経験や長期の引きこもり経験がない私には精神科病棟で過ごす日々の辛さは理解できませんし、その生活の中で深刻化していく自己肯定感の低下や自己偏見（セルフスティグマ）の高まりが恋愛にどのくらい影響するのかも分かりませんでした。その中でみなさんの体験談を読むうちに様々な当事者の視点も健常者の視点も必要だと感じるようになり、状況に応じてはやや突き放すような回答も含まれていると思います。

少し考えてみてください。交際する相手が当事者とは限りません。

私たち夫婦のように健常者と交際することもあるでしょう。ですから当事者同士だから分かり合えることばかりを並べてしまうと印象操作になってしまうと感じたので、できるだけたくさんの意見や考えを集めました。

今回、私は体験談とアンサー、性についての座談会を執筆しました。仲間たちもそれぞれ自分にしか書けないことを一所懸命に綴ってくれています。ときに苦しいことや辛いことを思い出しながら過去の傷をえぐり、血潮の通った恥ずかしい経験や悲しい経験も書き綴っていると思います。読んでいて苦しくなるほど、切なくなるほどに。でも同時に微笑むこともあったり、ほっこりすることもたくさんあります。

本をつくっている途中で性について取り上げることになったときは頭を抱えたこともありましたが、TENGAヘルスケアさまから取材について快諾を頂き山田さんと二人で麻布のオフィスまで足を運んで原稿とともに想いを伝えてきたことはとてもいい思い出になっています。他にも恋愛をしたい、結婚をしたいという、人として自然な感情を抱いている当事者の後押しができるならとご家族や支援者のみなさんも力を貸してくれました。

そうして結集した、たくさんの想いがこの本に込められています。綺麗ごとではなく現実を知った上で恋愛や結婚、出産、育児という一つの過程を自分の人生に求めるのかどうかを考える一つのきっかけになるのではないでしょうか。そして当事者を取り巻く方々には、本人の切実な想いが伝わったのではないでしょうか。

特に性についてはどう扱うのか、どのような形式で掲載するのかというところでかなり苦労しましたが、恋愛などとはまた異なる切実さを感じていたため試行錯誤の末に今回の形となりました。

私はこの「おわりに」を綴りながら、この本を手に取ってくださったみなさんにお伝えしたいのです。

恋愛をしたいなら障害があっても堂々と胸を張って恋愛をしましょう。人生は一度きりです。傷つくことを恐れずに誰かを本気で好きになってほしいと思います。

そしてこの本は健常者にとっても、きっと役に立つと確信しています。なぜならすべては「人が人として自然に求める営みの一つ」だからです。ときに迷いながら悩みながらあなたが描く幸せをどうか見つけてくださいね。

最後に編集長という初めての経験を快く認めてくれた編集委員のみなさん、ありがとうございました。行きづまったときに声をかけてくれた吉川さんや根本さんには本当に助けられました。この本をつくること自体が一つのピアサポートだなぁと感じています。またこの本のために頑張ってくださった、力を貸してくださったＹＰＳ、ＨＰＫＡ、精神障害当事者会ポルケ、めんちゃれをはじめとした全ての方々と蔭山先生、横山先生、株式会社ＴＥＮＧＡヘルスケアさま、明石書店の深澤さんに心から感謝申し上げます。

いやいや、しかし疲れました。

この本の編集をするにあたり、お金がないのにパソコンを買うことになり親とカミさんに頭を下げたり、極度のストレスなのか疲労なのか気づけば無意識にゲームのコントローラーを握っていたときは驚きました。ストレスで2時間しか眠れなくなり断薬したフルニトラゼパムのお世話になったりしたこともありました。頭の中に熱がこもったようになり漢方を使ったり。完成するまでにどのくらい頭痛薬を飲んだだろう……。

けれど今までにない達成感と幸福を味わっています。

この本を手に取ってくださった方が自分なりの幸せを見つけられることを祈っています。

編集長　野間慎太郎

人ピアと称しフリーランスのピアサポーターとしてYPSでの活動や地域活動支援センターで月に一回ピア講師などを行いながら自分を売り込み続け、現在はYPSの事務仕事を在宅で引き受け、週に2日、地域活動支援センター『むすび』にて非常勤としてピアスタッフに返り咲いています。むすびでは昼食担当、自宅では夕食担当で得意料理はパスタと煮物系。趣味はギター、音楽を聴くこと、映画鑑賞、読書、ゲームなどうつが出たときでも部屋で楽しめるものばかりの超インドア人間だったけれどスマートフォンにしてから前にハマっていたカメラ熱が復活。そのついでにインスタグラムも開始。とにかく気の向くままにシャッターを切っています。人生で何よりも大切にしているのは愛する人と過ごす時間と好奇心！

松田優二（まつだ・ゆうじ）

YPS横浜ピアスタッフメンバー

東京生まれの56歳。うお座のO型。16歳から躁鬱を患い転職と結婚を繰り返し現在に至ります。趣味は学生時代からの映画作り。ショーケンは僕にとって永遠の憧れです。

山田悠平（やまだ・ゆうへい）

精神障害当事者会ポルケ代表 / 全国「精神病」者集団の運営委員 / 大田障害者連絡会代表等

精神障害に関する社会課題は、総じて社会全体の課題や歪みを引き受けているという認識のもとで活動しています。精神障害に関する制度仕組み変えるための行政や議会への働きかけや各種啓発活動などにも携わらせていただいています。いろいろな切り口の活動に関わることで、連携が生まれてくるのが活動の醍醐味だと思っています。様々な関係者と意見交換してブラッシュアップしていきたいです。今回のプロジェクトでも神奈川の当事者グループのみなさんとご一緒できて刺激をもらっています。家族は妻と息子の三人暮らし。育児のパートなどを担当させていただきました。

横山恵子（よこやま・けいこ）**＊編者**

埼玉県立大学保健医療福祉学部看護学科・保健医療福祉研究科看護学専修 / 教授 / 看護師

埼玉県立衛生短期大学第一看護科卒業。埼玉県立がんセンター、埼玉県立北高等看護学院、埼玉県立精神保健総合センター（現、県立精神医療センター）準備室を経て、看護師長として勤務。急性期病棟にて精神科看護を経験。その後、埼玉県立大学短期大学部看護学科講師、埼玉県立大学准教授から現職。その間、日本社会事業大学社会福祉学研究科博士前期課程、東京女子医科大学大学院看護学研究科博士後期課程修了。主な研究テーマは、精神障害者の家族支援·家族会活動·アウトリーチサービス・看護師のキャリア支援。

吉川進（よしかわ・すすむ）

横浜北部ピアの会「ハピカ」メンバー

映画全般が大好きです。特に黒澤明と本多猪四郎はぼくにとって特別な存在です。東宝の特撮映画が大好きで中でも『サンダvsガイラ』や『フランケンシュタインvs地底怪獣』のような怪獣映画は体裁だけで実際は怪物として世に生まれた悲哀や異形のものに対する差別などを描いた作品は別格というか、怪獣映画の本質を描いていると思っていて大好きです。昔はすごく太っていたのでダイエットしてからは体を動かすのも好きになって支援センターで体操を教えることもしています。ブルース・リーと格闘技も大好きで歴史的な試合もよく会場で観戦してました。手塚治虫のマンガも大好きで昔はサイン会によく行きました。最近、息子がぼくの持っている「ブラックジャック」を読み始めたので将来が色々と楽しみです。

編著者メンバープロフィール（五十音順、掲載希望者のみ）

蔭山正子（かげやま・まさこ）＊編者

大阪大学大学院医学系研究科公衆衛生看護学教室 / 准教授 / 保健師

大阪大学医療技術短期大学部看護学科、大阪府立公衆衛生専門学校を卒業。病院看護師を経験した後、東京大学医学部健康科学・看護学科３年次編入学。同大学大学院地域看護学分野で修士課程と博士課程を修了。保健所・保健センターでの勤務（保健師）、東京大学大学院地域看護学分野助教などを経て現職。保健所勤務の際、精神障害者の受診援助や通報対応などの危機介入を経験。主な研究テーマは、精神障害者の家族支援・育児支援、保健師の支援技術。最近は当事者のピア活動にも関心あり。趣味は研究活動と有酸素運動、暇があれば映画鑑賞や海外旅行。当事者会や家族会の人との飲み会が好き。

中村俊輔（なかむら・しゅんすけ）

YPS 横浜ピアスタッフ協会メンバー

一児の親。統合失調症とてんかんの当事者です。趣味はサッカー、フットサル、バレーボール。スポーツをすることでストレスを発散しています。

猫柳ゆーぎ（ねごやなぎ・ゆーぎ）

YPS 横浜ピアスタッフ協会メンバー

解離性同一性障害の当事者であり一児の親でもあります。趣味はツムツムとタウンシップ。課金しながら現実世界を生きている厨二病。ゲーム世界で活用できるスキルが特技です。

根本俊史（ねもと・としふみ）

地域活動支援センターむすび利用者 /YPS 横浜ピアスタッフ協会会員 / めんちゃれ創立者 / ひきこもり SOS 代表 / 戸塚西口りんどうクリニックピアスタッフ / 神奈川県精神保健福祉センターピアスタッフ

国士舘大学文学部文学科国語国文学専攻卒業、株式会社サンデーサンでアルバイト、契約社員、正社員となるも、二年で解雇。無職になり統合失調症を患う。悪性リンパ腫も発症。結婚を目標に置き、資源循環局でアルバイト、神奈川県障害者委託訓練「トライ!」を経て株式会社ジューテックに障害者雇用、舞岡柏尾地域ケアプラザ、日通ハートフル株式会社と渡り歩く。もう一度無職に戻り小説家を目指すも YPS に出会い現在に至る。今の目標は持っているテレビゲームソフト（500 本以上）を全てクリアする事。

根本響子（ねもと・きょうこ）

「めんちゃれ」元サポート役

1981 年 6 月 29 日、千葉県市川市生まれ。東京都調布市に約 17 年間、神奈川県横須賀市に約 8 年間、住んでいました。現在、横浜市在住。自由が丘産能短期大学通信教育課程卒業。経理事務他バイト経験、障害者枠でのお仕事 3 つ経験する。取得資格は、メンタルヘルス・マネジメント検定試験 3 種、一般社団法人　日本おもてなし推進協議会「おもてなしエキスパート」認定。

野間慎太郎（のま・しんたろう）

横浜ピアスタッフ協会副会長。双極性障害の当事者。

高校卒業後、アパレル販売員、書店店員などを経験するうちに激しい躁転を起こしパチプロ生活を送るも色々と破綻。落ち着いたタイミングで就職するもストレスでひどいうつに陥りこりゃヤバいなということで Dr と相談して障害認定を受け就労移行支援事業所を利用。訓練中にピアというものを知りピアスタッフのみを目指して訓練を受け横浜市 18 区の生活支援センターで初の直接雇用のピアスタッフに。勤務している中で YPS と出会い、さまざまな考えに触れ見切り発車で退職！その後、慢性的に体が痛む線維筋痛症との兼ね合いもあり、かといって無職というのもアレなので浪

編集チーム所属団体の紹介

YPS 横浜ピアスタッフ協会（通称 YPS）＊編者

2015 年 11 月、神奈川県横浜市で結成。拠点は磯子区にある就労継続支援 B 型事業所「シャロームの家」。参加メンバーは、精神障害当事者、家族、支援者等、約 300 名。ピアスタッフ（精神障害当事者スタッフ）の普及をめざし、２か月に１回の定例会の他、ピアマスター（ピアスタッフ養成講座）、大学や研修での講演、一芸披露・音楽などのアート活動（イソット）や恋愛など多岐にわたる活動を展開。活動のモットーは「楽しさ」。その集大成が一年に一度の「神奈川ピアまつり」である。当事者に限らず興味や関心がある方なら誰でもいつでも参加できる開放路線を進めている。メールマガジンでも活動案内を配信中。精神障害者が恋愛を求めて集まる出会いの場「めんちゃれ」の運営も行っている。

ホームページ https://shalom153.wixsite.com/yokohama-peers

精神障害当事者会ポルケ＊編者

精神障害当事者会ポルケは、2016 年に発足した精神障害当事者によって運営する障害者・当事者団体です。団体名にある精神障害当事者会ポルケは、スペイン語でなんでだろう、疑問という意味です。精神障害があることでの苦い経験や日々の楽しみも含めて、言葉にしていこうというコンセプトで活動をしています。精神障害をもつ人が集う月例の当事者交流「お話会」や学習会など参加型のイベントも行っています。学習活動では、当事者以外の支援職や家族など様々な立場の人が参加いただいています。ホームページ等でも活動報告を発信していますので、よろしければご覧ください。

ホームページ：https://porque.tokyo/

横浜北部ピアの会ハピカ（通称 HPKA）

2017 年 12 月に横浜の北部で出会った人々が、個々の胸に抱いていた想いの具現化にむけて、「横浜北部ピアの会」として発足しました。通称を HPKA《ハピカ》と定めました。ハピカは、それぞれが培った経験を活かし、生きづらさやこころの病について、語り、学び、遊び、支え合う、みんなの会です。困難の有無に関わらず、誰もが気軽に参加し、共に学んでいけるような居場所です。お喋りしあったり、自分達の想いや学びを発信していけるような場を作りたいです。ピアサポート（同様の経験をした者の支え合い）を通じて、人と人とがつながることを大切にしていきたいです。現在は月に一度の定例会と半年に一度イベントを開催して楽しく誰かと繋がれる活動を広げています。

ホームページ：https://hpkayokohama.wixsite.com/hpka

精神障害者が語る恋愛と結婚とセックス
当事者･家族･支援者のお悩みQ&A

2020年8月10日　初版第1刷発行
2021年1月15日　初版第2刷発行

編著者　YPS横浜ピアスタッフ協会
精神障害当事者会ポルケ
蔭山正子
横山恵子

発行者　大江道雅
発行所　株式会社 明石書店
〒101-0021 東京都千代田区外神田6-9-5
電話 03（5818）1171
FAX 03（5818）1174
振替 00100-7-24505
http://www.akashi.co.jp

装幀　明石書店デザイン室
編集／組版　有限会社閏月社
印刷／製本　モリモト印刷株式会社

（定価はカバーに表示してあります）　ISBN978-4-7503-5053-0

精神障害者施設におけるコンフリクト・マネジメントの手法と実践
地域住民との合意形成に向けて　野村恭代著　◎4000円

当事者と家族からみた障害者虐待の実態
数量的調査が明かす課題と方策　増田公香著　◎3500円

当事者が語る精神障害とのつきあい方
「グッドラック！　統合失調症」と言おう
佐野卓志、森実恵、松永典子、安原荘一、北川剛、下村幸男、ウテナ著　◎1800円

苦しい？　楽しい！　精神病
もしも、精神病の生きづらさを喜びに変える魔法のランプがあれば……
森実恵著　◎1800円

ダルク　回復する依存者たち　その実践と多様な回復支援
ダルク編　◎2000円

本人・家族・支援者のためのギャンブル依存との向きあい方
一人ひとりにあわせた支援で平穏な暮らしを取り戻す
ワンデーポート編　中村努、高澤和彦、稲村厚著　◎2000円

仲間とともに治すアルコール依存症
断酒会活動とはなにか　中本新一著　◎1800円

新版　ソーシャルワーク実践事例集
社会福祉士をめざす人・相談援助に携わる人のために
渋谷哲、山下浩紀編　◎2800円

子ども・家族支援に役立つアセスメントの技とコツ
よりよい臨床のための4つの視点、8つの流儀
川畑隆編著　◎2200円

子ども・家族支援に役立つ面接の技とコツ
〈仕掛ける・さぐる・引き出す・支える・紡ぐ〉児童福祉臨床
宮井研治編　◎2200円

子どもの権利ガイドブック【第2版】
日本弁護士連合会子どもの権利委員会編著　◎3600円

子どもの虐待防止・法的実務マニュアル【第6版】
日本弁護士連合会子どもの権利委員会編　◎3000円

子ども食堂をつくろう！　人がつながる地域の居場所づくり
NPO法人豊島子どもWAKUWAKUネットワーク編著　◎1400円

コミュニティカフェと地域社会
支え合う関係を構築するソーシャルワーク実践
倉持香苗著　◎4000円

見えない性的指向　アセクシュアルのすべて
誰にも性的魅力を感じない私たちについて
ジュリー・ソンドラ・デッカー著　上田勢子訳　◎2300円

第三の性「X」への道　男でも女でもない、ノンバイナリーとして生きる
ジェマ・ヒッキー著　上田勢子訳　◎2300円

〈価格は本体価格です〉